Margery (Gred)

Un conte du vieux Nuremberg (Volume 2)

Georg Ebers

(Traducteur : Clara Bell)

AF516910

Writat

Cette édition parue en 2024

ISBN : 9789359941783

Publié par
Writat
email : info@writat.com

Selon les informations que nous détenons, ce livre est dans le domaine public.
Ce livre est la reproduction d'un ouvrage historique important. Alpha Editions utilise la meilleure technologie pour reproduire un travail historique de la même manière qu'il a été publié pour la première fois afin de préserver son caractère original. Toute marque ou numéro vu est laissé intentionnellement pour préserver sa vraie forme.

Contenu

CHAPITRE VI.

L'été s'est écoulé; l'avoine de la forêt était récoltée et la vendange avait commencé dans les vignes. C'était une magnifique journée ensoleillée ; et si vous me demandez à quelle époque de l'année la vie forestière est la plus douce, que ce soit au printemps ou en automne, je pourrais à peine vous le dire.

Oui, il fait beau dans les bois quand le printemps arrive gaiement. Le printemps est le véritable Sauveur , pour ainsi dire, de tous les innombrables gens, grands et petits, qui y poussent et fleurissent, c'est pourquoi la forêt organise une fête pour son anniversaire. et un festin de berceau tel quel mais approprié ! Le sapin illumine les pointes de ses branches de manière plus brillante, comme le font les enfants avec des cierges à Noël. Vient ensuite les largesses. Cela dure bien plus qu'une soirée, et les cadeaux accordés à tous sont innombrables, brillants et variés à voir. Comme le tintement d'une clochette d'un père rapproche les enfants, les cloches des perce-neige évoquent toutes les autres fleurs. En premier lieu vient la primevère, et les primevères – les clés du ciel comme nous les appelons – ouvrent les portes à tous les autres enfants du printemps. "Sortez, sortez !" les oiseaux qui reviennent crient depuis les buissons et des chatons gris argenté poussent sur chaque brindille. Les feuilles de hêtre éclatent de leurs gaines brunes et acérées et s'ouvrent à la lumière, douces comme du taffetas et vertes comme des émeraudes.

Les autres arbres suivent l'exemple et apprennent ainsi à leurs branches à former une ombre feuillue contre le soleil à mesure qu'il monte plus haut. Chaque créature qui aime son espèce trouve une voix sous le mois de mai en fleurs, et la forêt muette est pleine d'appels et de réponses de choses aimantes reconnaissantes et joyeuses qui se sont rencontrées, ainsi que de douces mélodies et de chants de joie nuptiale.

Des nids ronds ont vu le jour dans mille endroits secrets : à la cime des arbres, dans l'épais bois vert des buissons, dans les roseaux des marais ; Avant que de jeunes êtres vivants gazouillent là-bas, le père et la mère oiseaux s'appellent, chantent pour se réjouir et prennent plaisir à prendre soin de leurs petits. En cette saison d'amour, de croissance, de développement de la vie, il me semble, tandis que je marche dans les bois, que la bonté de cœur du Très-Haut est plus que jamais proche de moi ; car la forêt est comme une église, une glorieuse cathédrale lors de la plus haute fête, toute remplie de lumière et de chants, et ornée dans tous les coins et recoins de joyeuses fleurs fraîches et de guirlandes de feuilles.

Puis tout se tait soudainement. C'est l'été.

Mais en automne, la forêt est une salle de banquet où les hommes doivent se dire adieu, mais dans la bonne humeur, dans l'espoir d'une heureuse rencontre. Tout ce qui a vécu se précipite vers la tombe. Pourtant, certains jours de foire, tout porte comme le visage d'un ami qui tend la main pour se séparer. Les larges voûtes des bois sont finement ornées de splendeurs rouges et jaunes, et bien que les voix des oiseaux soient rares, même si le cri du geai, et le chant du rossignol et la flûte du bouvreuil doivent être muets, le bois vert n'est pas plus muet qu'au printemps ; le cor du chasseur résonne à travers les arbres et loin au-dessus de leurs cimes, avec les aboiements des chiens, les applaudissements des conducteurs et les chasseurs criant à la vue halloo. Tout enfant de l'homme brillant, fort et en bonne santé se sent alors maître de tout ce qui rampe ou vole, et son âme est prête à s'envoler de son sein. Comme l'air est pur, comme le parfum des feuilles mortes est épicé par une telle journée d'automne ! Au printemps, en effet, le blanc et le rose-rouge, le bleu et le jaune damient le gazon vert ; mais maintenant l'or et le pourpre brillent à la cime des arbres et sur les arbres de service. La distance est plus nette qu'auparavant, et de fins fils d'argent ondulent dans l'air comme pour nous attraper et nous retenir dans les bois dont la beauté s'estompe si vite.

L'air ensoleillé de l'automne était plein de ces fils lorsque, le jour de la Saint-Maurice — [22 septembre] — Ann et moi partîmes à notre devoir d'aller chercher les oiseaux qui avaient été capturés dans les sources aménagées pour eux.

Quand les oiseaux seront tôt pour se rassembler et fuir,
l'hiver sera dur et froid,

dit la scie du bûcheron ; et ils avaient rassemblé au début de cette année des grives et des animaux des champs ; Souvent, les prises étaient si abondantes que nos petits portefeuilles pouvaient à peine les contenir, et parmi eux, il était dommage de voir tant de poitrines rouges joyeuses et mélodieuses.

Les sources étaient disposées à de petits espaces l'une de l'autre de chaque côté de deux chemins forestiers. J'ai descendu l'un et Ann l'autre. Ils se retrouvèrent près de la route qui mène à la ville. Balzer tendait les pièges, et nous nous glorifions de celui qui rapporterait le plus gros butin ; et lorsque nous eûmes accompli notre tâche, assis sur un siège herbeux que le Junker m'avait fabriqué, nous racontâmes l'histoire des oiseaux et trouvâmes que c'était du bon sport. Nous n'avions pas non plus besoin d'un écuyer, dans la mesure où Spond , le grand chien, nous suivrait jamais.

Ce jour-là, j'étais sûr d'avoir le plus grand nombre d'oiseaux dans mon portefeuille et j'ai marché de bon cœur vers le bout du chemin.

Il me semblait déjà avoir entendu le bruit des sabots sur la route, et maintenant le chien reniflait l'air. Alors, étant curieux, j'avançai mes pieds un peu plus vite jusqu'à ce que j'aperçoive un cavalier qui sauta de sa selle et quittait son cheval. , se précipita vers la clairière où Ann devait bientôt venir de son côté. Là-dessus, je me frayai un chemin à travers les sous-bois qui m'empêchaient de voir, et quand je vis bientôt Ann arriver et que j'ouvris les lèvres pour appeler, quelque chose, me semble-t-il , me prit à la gorge, et je fus obligé de rester immobile comme si j'avais pris racine là-bas, et ne pouvait que prêter un œil et une oreille, à bout de souffle, à ce qui se passait là-bas, près de la grande route. Et en vérité, je ne savais pas si je devais me réjouir du fond du cœur, ou me lamenter et me mettre en colère , et m'envoler pour mettre un terme à tout cela.

Cependant je ne bougeais pas un membre et ma langue était envoûtée. Le cœur dans mon sein et les veines de ma tête battaient comme si des marteaux frappaient à l'intérieur ; mes yeux étaient hébétés, bien qu'ils voyaient aussi bien que jamais, et j'aperçus d'abord, d'un côté de la clairière, le cavalier, qui n'était autre que Herdegen , mon frère aîné bien-aimé, et de l'autre côté dont Ann portant son portefeuille à la main et numérotant les oiseaux qu'elle avait pris dans les pièges, avec un sourire satisfait.

Mais avant que j'aie eu le temps d'appeler le voyageur de retour , une voix retentit dans le bois : c'était la voix de mon frère, et pourtant, il me semblait que ce n'était pas le cas ; il ne prononçait qu'un seul mot : « Ann ! Et dans ce long cri il y avait un son de joie de cœur et de désir amoureux tel que je n'en avais jamais entendu sauf de la part de l'amant rossignol quand, dans les nuits calmes de mai, il courtisait sa bien-aimée. Ce cri me transperça le cœur, même le mien ; et cela redonna de la couleur au visage d'Ann, qui avait depuis longtemps cessé d'être pâle. Comme une biche qui sort d'un fourré et trouve ses petits paissant dans la clairière, elle leva la tête et regarda avec les yeux les plus brillants la grande route d'où était venu l'appel. Puis, bien qu'ils fussent encore très éloignés l'un de l'autre, ses yeux rencontrèrent les siens, et les siens rencontrèrent les siens, et ils levèrent les bras, comme si une puissance invisible les avait poussés tous les deux, et volèrent à leur rencontre. Il n'y avait ni doute ni pause ; et je m'aperçus clairement qu'ils étaient emportés comme des fleurs dans un torrent déchaîné ; bien qu'elle, ou jamais elle, l'ait atteint ; fut envahie par la honte d'une jeune fille, ses bras tombèrent et sa tête pencha. Mais le petit oiseau s'était aventuré trop loin dans la source, et l'oiseleur n'était pas homme à le laisser s'échapper ; Avant qu'Anne puisse prévoir un tel acte , il l'entoura de ses deux bras, et elle ne le gêna pas, bien plus, car elle ne le pouvait pas. Alors elle s'accrocha à lui et le laissa relever la tête et lui embrasser les yeux, puis la bouche, et cela non pas une fois, non, mais plusieurs fois, et si longtemps que moi, une jeune fille de seize ans, je restai. en vérité effrayé.

J'étais là; mes genoux tremblaient, et je compris que ce que je faisais n'était pas une chose qui convenait à une jeune fille pieuse, et qui devait déplaire au cœur d'une mère de fille vertueuse ; oui, c'était un chagrin pour moi que cela ait été fait, et que je savais ce que mon Ann aurait voulu cacher à la lumière. Néanmoins je ne pouvais qu'y trouver une joie, et il me semblait que c'était un acte cruel de l'éloigner si tôt d'un si doux bonheur.

Alors que leurs lèvres étaient libres et qu'il lui adressa enfin quelques mots, je pensai qu'il était maintenant temps pour moi de saluer mon frère. J'ai rassemblé toutes mes forces et pendant que je marchais vers eux, la raison de mon esprit m'est revenue, car en effet, elle m'avait complètement quitté, et une voix intérieure m'a demandé : « Qu'arrivera-t-il à cela ?

Il étendit son bras pour la serrer de nouveau contre lui, et comme j'étais gêné à l'idée de pénétrer dans leur secret, avant de sortir du fourré, j'appelai Herdegen par son nom. Et bientôt j'étais dans ses bras ; mais bien qu'il m'embrassait amoureusement, il me semblait qu'il y avait sur ses lèvres quelque chose d'étrange qui ne me plaisait pas, et je me souviens encore que j'ai mis mon foulard sur ma bouche pour l'essuyer.

Et puis nous sommes rentrés chez nous. Herdegen menait son cheval par la bride, et Ann s'interposait entre lui et moi et le regardait droit dans les yeux avec des yeux brillants, car au cours de ces deux années, il avait grandi en stature et en virilité. Elle écoutait toutes ses nouvelles avec de grandes oreilles, mais un jour, comme son cheval devenait rétif, au point qu'il se détournait de nous, avec gentillesse, elle m'embrassa sur la joue, mais en toute hâte, comme si elle ne voulait pas qu'il le voie. Nous avons été accueillis avec plaisir au refuge forestier. On pouvait voir dans leurs yeux à quel point mon oncle et ma tante se réjouissaient du retour de mon frère, même si la mère, qui avait banni son propre fils, était touchée jusqu'au cœur à la vue d'un autre jeune homme aussi adulte.

La veille au soir, des invités étaient venus au lodge, Son Excellence le Lord Justice Wigelois von Wolfstein et Maître Besserer d'Ulm. Nous devions maintenant nous préparer en toute hâte pour le dîner, et jamais Ann n'avait fait un usage aussi prudent et diligent de notre petit miroir. À mesure qu'il tombait, nous ne pouvions rester seuls que quelques minutes et n'avions aucune chance de nous parler en privé. Il en était de même à table, et puis, comme mon oncle avait préparé une chasse dans l'après-midi, en l'honneur de ses invités, et que le souper durait ensuite jusqu'à minuit, le fil pas trop fort de ma bonne patience ne fut pas rarement en danger de céder. Mais il se passait beaucoup de choses qui me donnaient matière à réflexion et augmentaient le désarroi que j'éprouvais déjà. Ann s'est lancée dans ce sport de tout son cœur et, sur le chemin du retour, elle a pris du retard sur Herdegen , de sorte qu'ils ne sont rentrés chez eux que longtemps après que la porte se soit fermée sur le dernier d'entre nous.

Au dîner, elle m'a fait de nombreux signes de tête avec beaucoup de contentement ; sans cela, j'aurais pu être enterré pour tout ce qu'elle a remarqué, car elle n'écoutait que les récits d'Herdegen comme s'ils étaient une révélation venue d'en haut. De son côté, il lui jetait de temps à autre un regard précipité et enflammé ; sinon , il faisait délibérément semblant d'avoir peu à faire avec elle. Il s'allongeait souvent comme s'il était fatigué ; et pourtant, lorsque Leurs Excellences l'interrogeaient sur quelque sujet que ce soit, il était toujours prêt à donner une réponse rapide et discrète. Il n'avait rien perdu de son esprit merveilleusement clair et astucieux ; néanmoins je n'étais pas aussi à l'aise avec lui qu'autrefois. Quand mon oncle disait en plaisantant que le sage hibou de Padoue semblait porter une panoplie de plumes gaies, son intention était évidente dès qu'on regardait mon frère ; et dans les beaux vêtements qu'il avait choisis de porter au souper, le noble garçon me paraissait moins que dans l'herbe de chasse dans laquelle il avait voyagé, dans la mesure où la trop grande longueur des manches de son manteau le gênait lorsqu'il mangeait. et les pointes trop longues de ses chaussures l'empêchaient de marcher.

Lorsque ma tante Jacoba quitta la salle pour que les hommes puissent mieux apprécier le vin enivrant et la liberté de parole, nous, les jeunes filles, devions la suivre consciencieusement ; mais Herdegen m'a fait signe de me séparer de lui, et maintenant j'espérais qu'il m'ouvrirait son cœur et me traiterait comme il avait l'habitude , comme mon vrai et cher frère, dont le cœur avait toujours été sur le bout de la langue. Loin de là; il ne parla que de la flatterie, disant « comme j'étais devenue belle », puis il désira des nouvelles de la cousine Maud, de Kunz, de notre grand-oncle et enfin d'Ursula Tetzel, ce qui me mit en colère.

Je lui répondis brièvement et lui demandai s'il n'avait que cela à me dire. Il baissa les yeux vers le sol et se dit : « Bien sûr, bien sûr. Mais au bout d'une minute , il revint à ses premières manières, et quand je lui souhaitai une bonne nuit avec colère, il m'entoura de ses bras et me retourna comme pour danser.

Je me libérai et m'en allai jusqu'à notre chambre, la tête baissée. Là, j'ai retrouvé ma vieille Sue, enlevant la belle robe d'Ann ; et tandis qu'Ann me faisait un signe de tête tout à fait doux et, comme je le pensais, d'un air secret, je devinai que c'était la femme de chambre qui avait retenu son discours et j'ai renvoyé ma nourrice.

Maintenant, j'aurais plutôt dû attendre que le ciel tombe plutôt que qu'Ann, l'amie la plus proche de mon cœur, garde le secret de ce qui s'était passé ce matin même ; et pourtant elle gardait le silence.

Nous avions l'habitude de gazouiller comme une paire de grillons pendant que nous tressons nos cheveux et que nous nous mettons au lit ; mais cette nuit, il n'y eut pas un bruit dans la chambre. Généralement, nous nous couchions avec un simple « Bonne nuit, Margery », « Dors bien, Ann », après avoir dit nos prières devant l'image de la Sainte Vierge ; mais cette nuit, mon amie m'a serré dans ses bras, et comme j'allais me coucher, elle a couru vers moi de nouveau et m'a embrassé avec beaucoup de chaleur. Si j'étais si aimant pour elle, je ne peux pas, à ce jour, le dire ; mais je me souviens bien que je restais muet et que mon cœur semblait souffrir de chagrin et de douleur. Je me croyais trompé et mon véritable amour méprisé. Était-ce possible ? Est-ce que mon Ann ne me faisait plus confiance, ou ne m'avait-elle jamais fait confiance ?

Non, plus. Était-elle vraiment telle que je l'avais cru, si elle pouvait avoir des relations amoureuses sournoises et interdites avec Herdegen dans mon dos ? et cela, Vierge Miséricordieuse, peut-être, depuis des années !

Le cierge était grillé. Nous restâmes côte à côte, nous efforçant de dormir, tandis que la détresse de l'esprit et un cœur blessé me faisaient monter les larmes aux yeux.

Puis j'ai entendu un bruit étrange venant de son lit et j'ai réalisé qu'Ann pleurait également, plus amèrement et plus profondément à chaque minute. Cela a percé les profondeurs de mon âme. Pourtant, j'ai essayé d'endurcir mon cœur jusqu'à ce que j'entende sa voix dire : « Margery !

Ce fut la fin de notre silence et j'ai répondu : « Ann ».

Puis elle sanglota : « Alors que nous rentrions de la chasse , il m'a fait promettre de ne jamais le révéler, mais cela me brise le cœur. Oh ! Margery, Margery, je devrais le cacher et l'enterrer dans mon âme ; alors il m'a dit , et néanmoins......"

Je me suis assis sur l'oreiller comme si une nouvelle vie m'était venue et j'ai crié : "Oh Ann, tu ne peux rien me dire que je ne sache déjà, car je l'ai vu descendre de cheval et comment il t'a embrassé."

Et puis, avant que je m'en aperçoive, elle s'est levée d'un bond et s'est agenouillée près de la tête de mon lit, et ses lèvres embrassaient les miennes, et ses joues étaient contre mon visage et ses larmes coulaient sur mes joues et mon cou et sein pendant qu'elle a tout avoué. Dans notre paisible petite chambre, il y avait une effusion sauvage de vœux d'amour et de paroles de peur, de projets pour l'avenir et de longues histoires sur la façon dont tout cela s'était passé.

Je l'avais vu de mes propres yeux dans l'œuf et, sans le savoir, j'avais favorisé sa croissance. Comment pourrais-je alors être consterné en voyant maintenant la fleur ?

Leur rencontre de ce matin avait été comme un choc de silex et d'acier, et si des étincelles en étaient sorties, comment pourraient-ils l'empêcher ? Et j'ai cru sur parole d'Ann lorsqu'elle a dit qu'elle se serait envolée dans les bras de son bien-aimé si son père, sa mère et une centaine d'autres s'étaient tenus là pour l'avertir.

Tout ce qu'elle dit ce soir-là était plein d'une assurance parfaite et joyeuse, et cela s'empara de ma jeune âme ; et même si je ne pouvais pas m'aveugler, mais que je voyais que de grands et douloureux obstacles s'opposaient au choix de mon frère, je me suis juré d'aplanir leur chemin autant que je le pouvais.

Tout ce que j'avais mal compris ce soir-là chez le voyageur de retour était désormais oublié ; et quand j'ai donné à Ann un dernier baiser ce soir-là, comme je l'aimais encore !

CHAPITRE VII.

Les coqs avaient déjà chanté avant que je m'endorme, et quand je me suis réveillé, Ann était assise devant le miroir, tressant ses cheveux. Je savais très bien ce qui l'avait poussée à quitter si tôt son lit, et, tandis qu'elle rencontrait son amant au petit déjeuner, sa forme et son visage me semblaient avoir gagné en beauté, de sorte que je ne pouvais plus la quitter des yeux. Ma tante et Son Excellence remarquèrent le merveilleux changement qui s'était opéré en elle cette nuit-là, et le gentleman attendit désormais de près Ann et sollicitait sa faveur comme un jeune homme, malgré ses cheveux gris, tandis que le digne maître Besserer suivait son exemple. .

A la première occasion favorable, j'ai séparé Herdegen . Ann lui avait déjà dit que j'avais de nouveau été témoin de leur première rencontre ; cela lui plut vraiment mal, et quand je lui demandai comment il comptait se comporter désormais envers sa fiancée, il répondit que les choses n'étaient pas allées aussi loin pour eux ; et que jusqu'à ce qu'il ait pris sa capuche de docteur, nous devions garder le secret que j'avais découvert par hasard bien caché à toutes les bonnes gens de Nuremberg ; autant d'eau coulerait dans la mer avant qu'il puisse me dire de remuer la langue, si notre grand-oncle continuait à supporter si courageusement le poids de ses années. Pour le moment, il était l'un des hommes les plus heureux de la terre, et si je l' aimais , je devais l'aider à jouir du désir de son cœur et à voir souvent la belle violette qui avait si doucement fleuri pour lui ici, au cœur profond de la forêt. .

Son jeune esprit brillant a souri à mon âme une fois de plus comme il l'avait fait il y a longtemps. Seule sa mention peu aimante de notre grand-oncle, qui avait été pour lui comme un second père, m'a frappé au cœur, et je lui ai dit ceci : ajoutant également que ce doit être un point d'honneur chez lui de donner et de prendre des bagues avec Ann, même si cela devrait être en secret.

C'est ce qu'il était prêt et heureux de faire ; Je lui ai offert, avec bienveillance, la bague en or que la cousine Maud m'avait donnée pour ma confirmation, et il l'a mise le jour même au doigt de sa chérie, bien que la bague en argent soit trop petite pour son petit doigt. Il lui ordonna donc de le porter et promit solennellement de tenir sa promesse, même sans bague, jusqu'au prochain retour à la maison ; et Ann plaçait sa confiance en son amant aussi sûrement qu'en la pierre et le fer.

Nombreux étaient les invités qui venaient dans la forêt à cette belle marée d'automne ; la chasse et les sports de toutes sortes n'avaient pas de fin, et Ann était toujours prête et très contente de partager le plaisir intrépide de son amant dans la chasse ; quand elle revenait de la forêt, la joie de son cœur brillait plus clairement que jamais dans ses yeux ; et en la voyant alors et ainsi, aucun homme ne pouvait douter qu'elle était au sommet et au sommet du bonheur humain. Cependant, sur cette hauteur, il me semblait qu'un vent violent soufflait, contre lequel elle luttait si fort que, pendant de nombreuses nuits calmes, j'entendais ses soupirs. En outre, elle montrait un étrange égoïsme que je n'avais jamais remarqué chez elle auparavant, et qui ne concernait cependant que son amant, avec une inquiétude constante lorsqu'elle était séparée des autres qu'elle aimait ; et tout cela me chagrinait, sans que je puisse y remédier.

Le plus étrange, me semblait-il, était que ces deux-là , qui auparavant n'avaient jamais passé une heure ensemble sans chanter, passaient désormais jour après jour sans chanter. Mais ensuite je me suis souvenu que la jeune fille du rossignol chante également ses plus douces chansons seulement tant que son sein est plein d'amour langoureux ; mais dès qu'elle a donné tout son cœur à son compagnon, sa chanson devient plus courte et moins tendre.

Non que ces deux hommes fussent encore allés aussi loin ; Et un jour, quand je les ai avertis de ne pas oublier comment chanter, ils s'étonnaient de leur propre négligence, et alors qu'ils commençaient à chanter, cela sonnait plus doux et plus fort qu'autrefois.

Parmi les jeunes qui bénéficiaient à cette époque de l'hospitalité des Waldstromer , l'ami de Herdegen , Franz von Welemisl , occupait la première place. Il était le fils d'un baron de Bohême, et sa mère, décédée, appartenait à une des plus nobles familles de Hongrie. Et même si son nom était quelque peu dur pour la langue allemande, nous l'appelions tous simplement Ritter Franz ou Sir Franz. C'était un jeune homme bien bâti et bien favorisé de visage et de membres, qui avait trouvé un tel plaisir en la compagnie de mon frère à Erfurt qu'il était allé avec lui à Padoue. La mort soudaine de son père l'avait ramené de l'université plus tôt que Herdegen , et il était maintenant en deuil. Il tenait toujours la tête un peu inclinée, et tandis que Herdegen , avec ses manières courageuses et splendides et ses longues mèches dorées, faisait penser à certains au soleil, un poète aurait pu comparer son ami à la lune, dans la mesure où il avait le même mine douce et visage pâle, qui semblait d'autant plus incolore que ses cheveux noirs épais et brillants l'encadraient, sans vague ni boucle. Sa voix avait une note triste, et cela m'a touché au cœur de voir à quel point son dévouement envers mon frère était affectueux. Lui, pour sa part, était très heureux de retrouver chez le jeune chevalier la compagnie qu'il avait autrefois chez les pueri .

Après que le père du jeune bohémien eut quitté cette vie, l' empereur lui-même avait baptisé son triste fils chevalier, et pourtant il était dépourvu d'orgueil et de mépris. Quand, de ses tristes yeux noirs, il regardait les miens, humblement et comme s'il avait soif de réconfort, j'aurais facilement pu endormir mon âme avec la pensée joyeuse que j'avais également ouvert la porte à l'Amour ; mais alors je ne me souciais pas de le voir, et je ne pensais à lui que froidement, et cela démentait de telles espérances ; ce que je ressentais n'était que la compassion due à un jeune homme seul au monde, sans parents, ni frères, ni proches parents.

Un matin, j'allai chercher Herdegen à l'armurerie et je le trouvai là, dépouillé de son justaucorps et les manches retroussées ; et avec lui le bohémien s'efforçait, avec une lime en fer, d'ôter du bras de mon frère un bracelet en or qui était non seulement attaché, mais soudé autour de son bras. Dès qu'il vit que j'avais immédiatement aperçu la bande, bien qu'il essayât de la cacher avec sa manche, il chercha à retarder mon interrogatoire, d'abord avec une plaisanterie, puis avec une impatience courroucée, jeta son justaucorps et tourna le dos. sur moi. J'ai immédiatement examiné Ritter Franz, et il a été amené à m'avouer qu'une belle marquise italienne avait convaincu Herdegen de se faire riveter ce brassard sur son bras en signe de son toujours fidèle service.

En apprenant cela, j'ai été profondément effrayé, à la fois pour le bien de mon frère et pour celui d'Ann ; et quand je lui ai immédiatement reproché son manquement à la foi , il m'a entouré de ses bras avec son humour scandaleux et son esprit bruyant habituel, et a dit : Qu'aurais-je de plus, puisque j'avais vu de mes propres yeux qu'il essayait d'être quitter ce lien ? Pour atteindre la marquise, il lui faudrait traverser une vingtaine de rivières et de ruisseaux ; et même dans notre vertueuse ville de Nuremberg, la règle était qu'un homme pouvait entamer un nouvel amour lorsqu'il avait laissé le troisième pont derrière lui.

Je n'aimais pas cette façon de parler, et quand il vit que j'étais mécontent et affligé, au lieu de se laisser aller à sa joyeuse humeur, il prit un ton plus sérieux et dit : « Peu importe, Margery. Un seul grand arbre. d'amour grandit dans mon sein, et son nom est Ann ; les petites fleurs qui ont pu pousser autour d'elle quand j'étais loin n'ont qu'une vie courte et affamée, et en aucun cas elles ne peuvent faire de mal au grand arbre. ".

Alors, de tout mon cœur, je le priai de garder sa foi et d'être pour elle un véritable homme, puisqu'il avait désormais lié la vie et le bonheur de la jeune fille la plus douce et la plus aimante de la terre à la sienne. Cependant, voyant qu'il n'était que peu ému par ce conseil, le sang chaud des Schoppers me monta à la tête et sur ce, je insultai ses paroles et ses actes comme étant pécheurs et cruels, et il s'enflamma également et me dit de prendre garde à la façon dont je parlais. malade de mon propre père; car, de même que lui, Herdegen , avait porté l'image d'Ann dans son cœur, ainsi père avait porté celle de notre chère mère au-delà des Alpes, et pourtant à Padoue il avait joué du luth sous le balcon de bien des dames aux yeux noirs , et y a gagné le surnom de "le Chanteur". Un feu vivant, dit- il, ne devenait pas plus froid parce que plus d'une personne s'y réchauffait ; il ne s'agissait que de garder la place d'honneur pour le véritable propriétaire, et Ann en était toujours certaine.

Sir Franz fut témoin de ces paroles, et quand Herdegen eut quitté la chambre, il s'efforça de m'apaiser et de me réconforter, me disant que son ami très doué, qui était plein de toutes les grandes et bonnes qualités, n'avait qu'une seule faiblesse : à savoir , qu'il ne pouvait pas résister vaillamment aux tentations résultant de sa beauté et de ses dons. Lui, Franz lui-même était d' un moule différent .

Et il a continué en avouant qu'il m'aimait et que, si je consentais à être à lui, il me chérirait et me servirait toujours, avec plus d'humilité et de fidélité même que son Seigneur et Roi bien-aimé, qui l'avait surnommé chevalier alors qu'il était encore si jeune.

Et son discours était si chaleureux et si vrai, si plein de désirs profonds et tendres, qu'à tout autre moment j'aurais pu céder. Mais à cette heure-là, j'avais envie de ne faire confiance à personne ; car, si l'amour de Herdegen n'était pas la vérité, alors qu'il avait grandi avec lui et avait été donné à quelqu'un au-dessus de moi de tant de manières, sur quel esprit humain oserais-je bâtir ? Oui, et j'étais trop soucieux du bonheur de mon frère et de mon ami pour être prêt à penser au mien ; je ne pouvais donc que lui parler honnêtement, mais lui dire non. A peine avais-je prononcé ces mots qu'un étrange changement l'envahit ; sa figure calme et triste prit soudain un aspect furieux, et dans ses yeux, qui jusqu'alors avaient été doux, il y avait un feu qui m'effraya. Bien plus, et même sa voix, pendant qu'il parlait, avait un son aigu, comme si les cloches qui autrefois sonnaient un carillon si doux avaient claqué. Et tout ce qu'il avait à dire était une accusation furieuse contre moi qui, disait-il, l'avais entraîné par les yeux et la parole, seulement pour lui jouer un tour cruel, avec des paroles d'une intention terrible contre le coquin silencieux qui s'était interposé entre lui et lui. moi pour le frauder; et il entendait par là le Souabe Junker von Kalenbach .

J'étais sur le point de lui reprocher ses manières grossières et discourtoises lorsque nous avons entendu, dehors, un grand cri, et Ann a couru me chercher. Tous ceux qui avaient des jambes dans la Loge accoururent ensemble ; tous les chiens aboyaient et hurlaient comme si le chasseur sauvage passait par là et se mêlait à lui. une tuyauterie et un tambour étranges et bizarres.

Un chef d'ours, tel que j'en avais vu auparavant à la foire de la ville, s'était rendu à la Loge, et le maître basané, avec ses deux compagnons, comme il pouvait s'agir de ses frères, était comme tous les hommes de leur tribu. Une épaisse chevelure couvrait la bouche sous un nez d'aigle , et sur leurs têtes hirsutes, ils portaient de doux bonnets rouges. L'un était suivi d'un grand chameau qui marchait lentement accompagné d'un singe perché sur sa bosse ; l'autre conduisait un ours brun avec un museau sur le museau.

La femme du maître et une jeune fille au visage brun marchaient à côté d'un petit chariot à deux roues, auquel était attelée une mule trop fatiguée. Un jeune homme, âgé d' environ douze ans, soufflait dans une flûte pour que l'ours danse, et comme il n'avait d'autre vêtement qu'un petit manteau en lambeaux et qu'un vent d'est soufflait fort, il trembla de froid et frissonna comme » il a sifflé. Néanmoins, c'était un beau garçon, bien adulte, et avec un visage d' une beauté étrange mais presque parfaite. Il était venu, c'est certain, d'un pays lointain ; pourtant il n'était pas de la même race que les autres.

Quand nous eussâmes assez de spectacle, mon oncle ordonna qu'on apporte de la viande aux vagabonds ; et après qu'on leur eut donné des pois -potages et d'autres dégâts, ils allèrent chercher, sous le chariot incliné, un bébé basané, qui, me semblait-il , était une gentille petite servante, quoiqu'elle fût si foncée.

Ann et moi regardions ces gens pendant qu'ils mangeaient, et il nous parut étrange de voir que le garçon bien-aimé lui enlevait avec horreur le bacon que le vieux chef des ours lui avait présenté ; et pour cela, l'homme lui a porté un coup dur.

Après leur repas, le maître repartit ; et après que nous eussâmes également notre dîner, mon cher parrain et oncle Christian Pfinzing arriva de la ville, amenant une troupe de mercenaires au camp où ils devaient être entraînés pour combattre contre les Hussites. Comme les autres invités, il se lia d'amitié avec les étrangers et, de sa manière joyeuse, il ordonna au chef des ours plus âgé de prédire notre avenir par nos mains, pendant que les plus jeunes danseraient.

L'homme a alors lu l'avenir de chacun de nous ; ma fortune était une pure folie , dont aucun mot ne s'est jamais réalisé. Il promit à mon frère une couronne de comte et une épouse de race princière ; et quand Ann l'entendit et leva son doigt vers Herdegen de honte, il lui murmura à l'oreille qu'elle était de la race de la Reine Souveraine de toutes les reines, de Vénus, maîtresse de l'univers. Tout cela, elle l'entendit avec joie ; pourtant personne ne pouvait la persuader de laisser lire sa main.

Enfin ce fut au tour de la femme de danser ; avant de commencer, elle avait lissé ses cheveux et les avait attachés avec de petites pièces d'or ; et en effet, c'était une jeune fille bien adulte et mince, avec un visage et une forme bien favorisés, avec une vraie flamme diabolique dans ses yeux noirs. C'était une chose étrange mais vraiment agréable de la voir ; elle pondit d'abord une douzaine d'œufs en cercle sur l'herbe, puis elle frappa son tambourin au son de la flûte du garçon et du tambour de l'un des hommes qui étaient restés avec elle, et le fit vibrer au-dessus de sa tête avec une légèreté gratuite jusqu'à ce que les clochettes du cerceau sonnaient, tandis qu'elle se tournait et courbait son corps souple dans un tourbillon rapide et fou, s'inclinant et se relevant. Ses yeux de faucon ne regardaient jamais le sol, mais étaient toujours fixés vers le haut ou sur les passants, et néanmoins ses pieds nus et minces ne s'approchaient jamais des œufs dans la rotation la plus folle de sa danse.

Les messieurs, et nous aussi, frappâmes dans nos mains ; puis, pendant qu'elle restait pour respirer, elle arracha le chapeau de Herdegen — et elle le surveillait depuis longtemps — et y rassembla tous les œufs en s'inclinant et en se courbant au rythme de la musique. Lorsqu'elle eut mis tous les œufs dans le chapeau , elle l'offrit à mon frère en s'agenouillant sur un genou, et elle toucha de ses lèvres le bord de son tambourin. Le rebelle porta ses doigts à ses lèvres, comme font les petits enfants pour envoyer un baiser, et quand ses yeux tombèrent sur ceux de cette fille, il me sembla que ce n'était pas la première fois qu'ils se rencontraient.

C'était maintenant une journée d'automne chaude et sans vent, et après le dîner, ma tante fut emmenée dans la cour. Quand la danse fut terminée, elle, comme à son habitude, interrogea les hommes et la femme aînée sur tout ce qu'elle désirait savoir ; et, apprenant d'eux que les hommes étaient également des bricoleurs, elle ordonna à Ann de se rendre à la cuisine et ordonna à la gouvernante de rassembler toutes les casseroles et poêles cassées. Mais maintenant, près du chariot, on entendait un bruit d'aboiements furieux et un cri pitoyable d'enfant.

Le Junker, parti de bonne heure pour parcourir les bois, venait tout juste de rentrer chez lui ; les chiens qui l'accompagnaient avaient flairé des étrangers et s'étaient précipités sur le bébé brun, qui jouait dans le sable derrière le chariot, en faisant des gâteaux et des pâtés. Les chiens furent en effet rappelés en toute hâte, mais l'un d'eux, un méchant chien de blaireau, avait mordu profondément l'épaule du petit.

Je courus aussitôt sur place, et pris le bébé dans mes bras, voyant son sang rouge couler ; mais la femme aînée se précipita sur moi, hors de son esprit avec rage, pour me l'arracher ; et alors qu'elle était sans doute sa mère ou sa grand-dame, j'aurais pu abandonner l'enfant, si Ritter Franz n'était venu vers moi en toute hâte pour me demander, de la part de ma tante Jacoba , de le lui porter.

Qui mieux qu'elle connaissait tout l'art et le secret de guérir les blessures d'un chien ? Alors j'ai dit à la vieille dame de la réconforter , même si elle luttait furieusement pour me récupérer le bébé. Bien plus, et elle aurait pu le faire si la petite chose ne s'était pas accrochée à mon cou avec son bras droit indemne, avec autant d'amour que s'il avait été le mien et n'avait aucun lien de parenté avec la vieille femme hurlante.

Mais bientôt une lumière claire et étrange fut jetée sur la question ; car lorsque nous avions desserré la petite chemise de l'enfant et que ma tante avait dûment lavé le sang des blessures, sous la teinte sombre de sa peau, voici, elle était d'un blanc tendre, et il était donc clair qu'il s'agissait là d'un enfant volé, qui avait besoin d'être réparé. sauvé.

Puis l'hôtesse de la maison, veuve d'un forestier dont le mari avait été tué par des braconniers, et qui travaillait vaillamment pour élever ses cinq enfants orphelins, avec l'aide de ma tante, cette femme, dis-je, se souvenait maintenant que lorsqu'elle l'avait fait pèlerinage, mais dernièrement, à Vierzehnheiligen , le chevalier von Hirschhorn, trésorier du seigneur évêque de Bamberg à Schesslitz , non loin du lieu de pèlerinage, avait perdu un enfant, volé par des vagabonds. Alors tante Jacoba pensa que restitution et bienveillance pouvaient ne faire qu'un ; et, dit- elle, cette affaire pourrait grandement profiter à la gouvernante et à ses petits, puisque le père affligé avait promis une rançon de trente ducats hongrois à celui qui ramènerait vivante sa petite fille ; et aussitôt toute la tribu des chefs ours devait être liée. La vieille dame a donné une tâche difficile à nos hommes, car elle a essayé de s'enfuir vers la forêt et a crié à haute voix : « Hind ! Hind ! quel était le nom de la jeune fille, avec des paroles bizarres qui devaient sans doute l'avertir de fuir ; mais les serviteurs parvinrent à leurs fins et firent jeûner la sorcière sauvage.

Ann était pâle et souffrait de maux de tête, mais elle a aidé ma tante à s'occuper de l'enfant ; et j'étais heureux, dans la mesure où je pensais que je savais où trouver Herdegen et la jeune danseuse, et que je ne me souciais que de sauver sa pauvre amie trahie de la honte et du chagrin. Je me suis glissé, sans aucune marque, à travers le jardin d'herbes aromatiques derrière le pavillon, jusqu'à une mousse que mon cousin banni avait bâtie pour moi, dans un endroit caché entre deux puissants hêtres, alors que j'étais encore une bonne d'école.

En vérité, mon imagination n'a pas été démentie, car pendant que je contournais la pinède, j'entendais mon frère crier : « Ah ! chat sauvage ! et le rire répugnant de la coquine. Et là-dessus, ils sortirent tous les deux, mais sur le seuil de la porte, il la retint pour l'embrasser. Alors elle montra ses dents blanches, et il me sembla qu'elle aurait envie de le mordre ; elle le repoussa et dit en riant : « Ce soir, pas trop tout de suite. Cependant, il la lui a emmenée, alors je l'ai appelé par son nom et je suis parti.

Il la laissa partir assez tôt, mais il frappa du pied par pure rage. Cela, en effet, ne m'a pas ému ; d'un air calme, j'ordonnai à la jeune fille de me suivre, et à ce coquin infidèle j'ai crié : « Fie ! » sur un ton de mépris qui a dû lui brûler les oreilles pendant un bon moment. Avant d'entrer dans le jardin , je lui ai dit de faire le tour de la maison et de rencontrer les autres par la droite ; elle devait venir avec moi et faire le tour par le côté gauche.

Je vis maintenant qu'il y avait des lambeaux de mousse et de feuilles sèches dans les cheveux de la jeune femme et je lui dis de les brosser. Elle le fit avec un sourire moqueur et dit avec mépris : « Votre amant ?

"Non," dis-je, "loin de là. Mais pourtant quelqu'un que je voudrais protéger du mal." Elle haussa les épaules ; J'ai seulement dit : "Allez."

Alors que nous faisions le tour de la maison, la femme la plus âgée était emmenée, les mains liées, et à peine la plus jeune l'a aperçue qu'elle a ramassé ses jupes et, d'un seul coup, a essayé de s'éloigner. J'ai appelé Spond , mon fidèle garde, et lui ai dit de la retenir ; et le noble chien poursuivit ses pas jusqu'à ce que les hommes puissent l'attraper et la conduire chez ma tante. La dame l'interrogeait attentivement, estimant qu'une créature si jeune et si jolie pouvait être moins têtue que la vieille sorcière grisonnante par les péchés ; mais Hind restait muette et faisait comme si elle ne connaissait pas notre langue. Quant à Herdegen , il avait entre temps accueilli Ann avec une grande courtoisie ; néanmoins il était resté près de la danseuse et avait pris sur lui de lui attacher les liens et de la conduire au cachot. Il alla bien, dans la mesure où il s'en sortit seul avec elle, comme il le désirait ; car Sir Franz m'a encore retardé, et une cause telle qu'il plaidait maintenant n'a que rarement trouvé un match, car je n'étais résolu qu'à suivre mon frère, pour le délivrer des pièges de la vagabonde ; et tandis que le chevalier me tenait fermement par la main et jurait qu'il m'aimait, je m'efforçais seulement d'être libre et je regardais Herdegen et Hind sans lui prêter attention. Enfin il m'a blessé la main, que je n'ai pas pu lui arracher ; et tandis qu'il commençait à avoir l'air sauvage et à paraître fou, je le suppliai de me laisser désormais libre et de tenter sa fortune ailleurs. Mais il ne m'aurait jamais libéré si précipitamment si une étoile maléfique n'avait pas amené le Junker souabe sur place.

Sir Franz, sans un mot de salutation ni d'avertissement, s'approcha de lui et lui reprocha d'avoir causé du tort à un bébé sans défense par sa conduite insouciante. Mais si Sir Franz ne savait pas déjà que lui, à qui il parlait aussi grossièrement que s'il était un serviteur rebelle, était en réalité le fils et l'héritier d'une bonne maison noble, il l'apprenait maintenant. Ses derniers mots furent : "Et pour l'avenir, ayez vos chiens sauvages dans une meilleure gouvernance !" Alors l'autre répondit froidement : "Et toi, ta langue."

Là-dessus, l'autre haussa les épaules et répondit avec mépris que, bien sûr, sa langue était destinée à l'usage et non au silence comme celle de certains. Et je m'étonnais où le Souabe, qui parlait si lentement, trouvait les mots pour répliquer et répondre, jusqu'à ce qu'à la fin c'en soit trop pour lui et il posa la main sur son cintre comme une seconde langue plus aiguë.

CHAPITRE VIII.

La danseuse était enfermée dans la cellule avec le reste des vagabonds, et tandis que je regardais par la fenêtre la belle jeune créature accroupie dans un coin, j'avais pitié d'elle, et pour ma part j'aurais volontiers envoyé elle allait et venait pour ne plus jamais la revoir.

Je n'ai pu trouver Herdegen nulle part ; Je n'avais aucune sympathie pour les plaisanteries de l'oncle Christian ; et quand, enfin, je me rendis dans ma propre chambre, il me sembla qu'il y avait dans l'air une horrible catastrophe à laquelle il n'y avait pas d'échappatoire. Et les choses n'allaient pas mieux quand Ann, qui avait récemment été libérée de son gros mal de tête, monta se coucher pour cacher sa douleur croissante sous les oreillers. Je restai donc assis, muet et pensif, à ses côtés, jusqu'à ce que tante Jacoba me fasse appeler pour mettre de l'eau froide sur le bras de la petite servante kidnappée. L'enfant avait été bien lavé et gisait propre et frais entre les draps, et le petit changeling basané et sale était maintenant un adorable chéri aux cheveux blonds. Je l'ai entretenu avec plaisir ; d'autant plus quand je pensais à la joie qu'il apporterait à son père et à sa mère ; néanmoins, le mauvais cauchemar ne s'en sortirait pas, même lorsque le bruit des coupes de vin et le grand rire de l'oncle Christian tombaient sur mes oreilles.

de Herdegen m'avait autant manqué . La gouvernante m'a dit qu'il était allé à cheval dans la ville vers l'heure de l'Ave Maria. Mon grand-oncle lui avait dit d'aller le voir. Les coquins vagabonds avaient déjà été mis à la torture en présence de mon frère, mais ils n'avaient rien avoué de leur culpabilité ; d'autant plus que dans notre cachot il n'y avait pas d'autres instruments de torture que le râtelier, la vis à pouce et les fouets nécessaires au supplice de Bamberg, et un bonnet de Poméranie, fait pour écraser un peu la tête ; mais à Nuremberg il y avait un magasin moins doux et plus actif.

L'air était chaud et lourd, le soleil s'était couché derrière des nuages noirs, jaunes et sombres, comme un œil aveugle. Une étrange langueur m'envahit, pourtant j'étais habitué à être si vif, et avec elle une longue suite d'images lugubres et hideuses. J'ai d'abord vu le Junker et Sir Franz, qui s'étaient disputés à propos de moi, une servante insensée ; puis ce fut mon Ann, languissante de chagrin, plus pâle que jamais, avec un voile de nonne sur elle ; ou encore debout près du Pegnitz , à l'endroit même où, autrefois, au doux printemps, une jeune fille abandonnée s'était jetée.

Les premiers éclairs déchirèrent le ciel et l'orage surgit en toute hâte, éclatant au-dessus de nos têtes, et à mesure que le tonnerre se rapprochait de plus en plus après l' éclair , j'avais de plus en plus peur. De plus, l'enfant malade pleurait pitoyablement et devenait agité de fièvre et de douleur. À ce moment-là, tout était encore dans la salle à manger ; mais quand ma tante m'a demandé de laisser la gouvernante me placer près du lit de la petite et d'aller me reposer, je n'ai pas voulu ; car en effet, je n'aurais en aucun cas pu dormir.

Ils m'ont laissé faire, et peu après minuit, saisi d'une nouvelle peur à propos d' Herdegen , j'étais à la fenêtre ouverte pour laisser le vent violent attiser ma tête brûlante, quand tout à coup les chiens se mirent à aboyer furieusement, comme si la forêt logeait. étaient assaillis de toutes parts par des voleurs. Et en même temps je vis, à l'éclat de l'éclair, que le vieux tilleul au milieu du jardin d'herbes aromatiques de ma tante gisait sur la terre. Cela m'a touché au cœur, d'autant que cet arbre était cher à mon oncle, ayant été planté par son grand-père ; et il n'y avait jamais d'endroit où sa femme malade était si désireuse d'être pendant les chaudes journées d'été que sous son ombre. Oui, et tout le bonheur de ma jeune vie, me semblait -il, était comme cet arbre déraciné par les racines, et je regardais fasciné ce foutu tilleul jusqu'à ce que je sois effrayé par une nouvelle horreur ; à l'extrémité du ciel, du côté où se trouvait la ville, j'aperçus une ligne de lumière qui devenait plus large et plus brillante jusqu'à devenir rose et rouge sang.

Un brouhaha sauvage montait des chenils et des cabanes des forestiers, et j'entendais un mélange de plusieurs voix ; et tandis que la fusée lointaine commençait à s'élever avec plus d'éclat vers le ciel, je croyais ceux qui disaient en bas que tout Nuremberg était en flammes.

Même tante Jacoba avait quitté son lit, et chaque âme sous ce toit regardait le feu et donnait son opinion quant à savoir s'il croissait ou diminuait. Et, grâce à la Sainte Vierge, ces derniers avaient raison ; quelques greniers, ou peut-être des magasins de marchandises, avaient été incendiés, et moi, parmi d'autres cœurs défaillants, je commençais à respirer plus facilement, lorsque le cri du gardien se fit entendre une fois de plus et ce qui arriva ensuite montra que mes craintes n'avaient pas disparu. été sans fondement.

C'était la veillée de la Saint-Simon et de la Saint-Jude , le 28 octobre, de l'an de grâce 1420, et je ne l'oublierai jamais. Les grandes choses qui se passèrent cette nuit-là ne sont-elles pas écrites dans les Chroniques de la ville, et encore fraîches dans bien des esprits ? mais peut-être que dans aucun d'eux ils ne sont imprimés plus profondément que dans le mien ; et pendant que je bouge ma plume, je peux pour ainsi dire voir de mes yeux la grande salle du pavillon de chasse. Beaucoup de gens sont en mouvement, tous vêtus de peu de vêtements et pleins d'une soif avide de nouvelles. L'alarme du feu les a tirés en toute hâte de leurs oreillers, ils se sont rapprochés et ont regardé, par la porte grande ouverte, le point lumineux du ciel. Personne n'ose sortir dans le vent sauvage, et beaucoup rapprochent son vêtement, son manteau ou sa couverture autour de lui ; le vent souffle avec une telle fureur que les torches contre le mur sont presque éteintes, et l'éclat rouge et jaune jette une lumière étrange dans la salle.

Puis l'appel du gardien se tait, et les grognements et les lamentations des gens de la forêt se rapprochent de plus en plus.

Bientôt, un homme franchit le seuil en chancelant, soutenu avec beaucoup de difficulté par le portier Endres, car ses propres genoux tremblent ; et celui qui rentre ainsi à la maison, car il pourrait être ivre ou gravement blessé, n'est autre que mon frère Herdegen . La lueur de la torche tombe sur son visage, et tandis que mes yeux le voient, je crie à haute voix, et mon âme n'a de pensée pour lui que de la pure pitié et du véritable amour.

Je m'empresse de prendre la place d'Endres tandis qu'Eppelein , son fidèle serviteur, qu'il n'avait pas emmené avec lui comme à son habitude, le soutient en revanche.

Mais touchez-le là où nous le pouvons, il se sent blessé ; et tandis que l'oncle Conrad et les autres le pressent de questions, il ne peut que montrer sa tête et ses lèvres, trop faibles pour penser ou parler.

Hélas! ce pauvre garçon, me semble-t-il, ne ressemble guère à mon noble Herdegen , au bras duquel la marquise italienne rivetait sa chaîne d'or. Son visage est enflé et injecté de sang dans une partie, et cruellement déchiré dans d'autres. Où sont les lovelocks qui l'ont si bien orné ? Son bras gauche est impuissant, ses riches vêtements traînent autour de lui en haillons. Il s'agit peut-être d'un mendiant battu et misérable ramassé sur la grande route, et je me réjouis vraiment de penser qu'Ann est à l'abri de son lit et échappe à la vue.

Ma tante, qui avait été transportée depuis longtemps dans la salle, palpa tous ses membres et toutes ses articulations, et constata qu'aucun os n'était cassé, pendant que mon oncle l'interrogeait ; et il nous raconta d'une voix entrecoupée que son cheval avait pris peur dans la forêt à un éclair, l'avait renversé, puis traîné dans les broussailles ; c'était le bourreau de son homme qu'il avait sorti ce soir-là en tombant, et qui errait maintenant dans les bois.

Il avait à peine terminé son récit, qu'un des gardiens du donjon et le portier se précipitèrent avec la nouvelle qu'un des prisonniers et que la jeune fille s'étaient évadés, bien que la porte du donjon fût verrouillée et que le fenêtre barrée. Elle était clairement une sorcière, et une seule chose était possible ; à savoir qu'elle avait volé à travers la fenêtre grillagée, à la manière des sorcières sur un balai, ou sous la forme d'un oiseau, d'une chauve-souris ou d'un hibou ; bien plus, c'était presque certain, dans la mesure où le gardien avait vu un spectre dans les bois vers minuit, et le même visage était apparu au gardien du chenil. Tous deux jurèrent qu'ils s'étaient signés là et dirent de nombreux paternosters. Les autres captifs en témoignèrent, déclarant que la jeune fille n'avait jamais été des leurs, mais qu'elle s'était jointe à leur compagnie à l'improviste la veille de la Saint-Jean, sans dire d'où ni où elle irait. Elle s'était envolée depuis quelques heures sous la forme d'un monstrueux vampire, mais s'était d'abord jetée sur eux à coups de bec et d'ongle ; et bien qu'ils fussent un équipage mal intentionné, leur récit semblait véridique, alors qu'ils étaient couverts de nombreuses égratignures qui n'étaient pas causées par la torture.

A cette nouvelle, mon frère perdit tout courage et tomba dans le fauteuil, pâle comme de la cendre. Je restai actuellement seul avec lui ; mais il ne répondit rien à mes questions, et il me semblait qu'il dormait. Au lever du jour , j'étais transi de froid, alors, comme je ne pouvais rien faire pour l'aider, je descendis les escaliers. Là, je trouvai nos messieurs en train de prendre congé, car l'un partait pour la ville pour s'enquérir de l'incendie, et l'autre désirait chercher son lit chaud.

Du vin d'aunée chaud avait été servi pour les réconforter, lorsque nous entendîmes à nouveau les sabots des chevaux et l'appel du gardien. Tout le monde sortit en toute hâte, seul l'oncle Christian Pfinzing ne bougea pas, car tant que la cruche de vin n'était pas vide, il en aurait fallu davantage pour l'émouvoir. C'était un homme puissant et gros, avec un cou court rouge brique, des cheveux gris coupés court, et un visage rond et bien favorisé, avec de petits yeux astucieux qui sortaient de sa tête.

Nous, les jeunes Schoppers , aimions de tout notre cœur cet oncle joyeux et chaleureux, sans enfant ; mais je m'accrochais surtout à lui, puisqu'il était mon cher parrain ; de même, il avait manifesté pendant de nombreuses années une sollicitude particulière et véritablement paternelle envers Ann.

Eh bien, l'oncle Christian avait continué tranquillement à boire la liqueur ardente, en attendant les autres ; mais quand ils vinrent lui annoncer la nouvelle que le cavalier avait apportée, la coupe tomba de ses mains, tomba avec fracas sur le pavé et renversa le vin ; et en même temps sa tête aimable et fidèle tomba sur le côté, et pendant quelques minutes sa raison l'avait quitté. Bien que nous ayons pu bientôt le ramener à la vie, j'ai constaté, à ma grande détresse, que sa langue semblait s'être alourdie. Cependant, grâce à l'aide de la Sainte Vierge, il fut ensuite si bien rétabli que, lorsqu'il s'assit devant ses tasses, sa voix forte et son rire profond pouvaient être entendus résonner dans la pièce.

La nouvelle apportée par le messager et qui a provoqué cette maladie, dont la sangsue Ulsenius l'avait prévenu avant cela, aurait pu ébranler le cœur d'un homme plus sévère ; car mon oncle Christian logeait dans le Fort Impérial comme gardien, et son devoir était de le garder. A proximité également, sur le même rocher, se dressait le vieux château appartenant au grand connétable ou burgrave Friedrich. Or, le burgrave était parvenu à de grandes paroles avec le duc Louis le Barbu, de Bayern-Ingolstadt, de sorte que le grand intendant du duc, le noble Christoph von Laymingen , qui demeurait à Lauf , avait pris l'audace, avec son seigneur à son dos, que rompre la paix avec Friedrich, bien qu'il soit récemment devenu un prince puissant en tant qu'électeur de la marque de Brandebourg.

Le dit Christoph von Laymingen , ainsi que nous l'ont dit les cavaliers, s'était rendu à Nuremberg cette nuit noire et s'était emparé du château, non pas du château impérial, qui était resté indemne, mais du fief de la vieille famille Zollern qui s'était tenu à ses côtés. - et il l'a complètement brûlé. Ceci, en effet, n'était pas une grande offense aux yeux du conseil municipal, dans la mesure où il n'avait pas une grande amitié pour Sa Seigneurie le Connétable et Électeur, et avait eu de nombreuses querelles avec lui. Bien plus, longtemps après cela, le conseil fut en mesure de prendre possession des terres et des ruines par des achats - jusqu'à ce que l'oncle Christian regrette amèrement d'avoir envoyé ses hommes d'armes, dont le devoir était de défendre le château, à la campagne, même si c'était dans un but aussi bon que de lutter contre les Hussites.

Cela aurait pu lui faire perdre les faveurs de l'Électeur ; cependant, cela ne lui fit aucun autre mal. Une chose était certainement prouvée sans aucun doute : c'était une trahison scélérate qui avait été à l'œuvre dans cette affaire ; à Nuremberg, sous la torture, il apparut que le maître des ours avait été un espion et un révélateur soudoyé par Laymingen pour découvrir où Pfinzing et ses hommes étaient partis.

Et pour que personne ne conçoive que c'était la fin des malheurs qui s'étaient abattus sur la cabane forestière dans ce court laps de temps entre minuit et l'aube, je dois en enregistrer un de plus ; car le nouveau jour, qui se levait sans teinte de rose, gris et lugubre sur les bois fauves, nous apportait une nouvelle tristesse et un nouveau mal.

Derrière la cabane en mousse, où j'avais trouvé mon Herdegen avec la coquine dansante, le Junker souabe et Ritter Franz s'étaient battus, sans se soucier de la loi et de l'ordre d'un tel combat, combattus pour la vie ou la mort et pour moi. Et comme si, dans cette période cruelle, j'étais condamné à subir tout ce qui pouvait blesser le plus mon pauvre cœur, il me fallait aller voir le tilleul frappé au moment même où le Junker avait porté un coup mortel à son ennemi et s'enfuyait en courant. avec ses cheveux tout arrachés comme un fou. C'était en effet une heureuse occasion que mon oncle Conrad et l'aumônier soient également venus au jardin pour que j'aille avec eux voir le chevalier blessé.

Le jeune homme était allongé sur l'herbe mouillée, maintenant beaucoup plus pâle que jamais, et ses lèvres tremblaient de douleur. Une feuille fanée était tombée sur son front et était étrange à voir sur sa peau cendrée ; mais je me suis penché et je l'ai enlevé. A côté de lui gisait le tilleul déraciné , d'où était tombée cette feuille, et tandis que la pluie tombait rapidement, il me semblait qu'il pleurait.

Et mon cœur était soudé comme il ne l'avait jamais été auparavant, envers ce jeune chevalier qui avait versé son sang en ma faveur ; mais pendant que je regardais son visage avec amour, le Souabe s'approcha de lui avec des yeux impitoyables, et de ceux du blessé, il me lança un regard si plein de haine et de méchanceté que je frissonnai devant lui. C'en était donc fini de toute pitié et de toute tendresse. Et pourtant, en voyant son visage froid et figé, pâle et blanc comme une craie terne, je ne pus m'empêcher de pleurer ; car il est toujours pitoyable de voir quand la mort surprend quelqu'un qui n'est pas mûr pour mourir, alors que nous déplorons le maïs vert qui est frappé par la grêle, et que nous célébrons une fête lorsque la faucheuse coupe les épis d'or.

donc trois malades et blessés dans la cabane forestière, outre ma tante ; car l'oncle Christian a besoin de quelques jours de repos et d'allaitement. Mais nous ne manquions pas pour les soigner ; Ann a été rétablie aujourd'hui et la cousine Maud était venue en toute hâte dès qu'elle avait su ce qui était arrivé à Herdegen ; car, de nous tous, il occupait la plus grande place dans son cœur ; et même lorsqu'il était à l'école, même s'il avait de l'argent et du sien, elle lui en avait donné si généreusement qu'il n'était pas du tout en retrait des fils de riches comtes.

En attendant que ma cousine vienne — et elle ne le pouvait que le soir —, c'était mon rôle de rester avec mon frère ; mais alors qu'Ann aurait voulu m'aider, cette tante Jacoba ne convenait en rien à une jeune fille ; Elle accorderait encore moins à mon désir sincère que je puisse me consacrer aux soins de Sir Franz ; bien qu'elle ait moins à l'esprit d'en considérer l'opportunité, que de concevoir qu'il serait d'un faible bénéfice pour le blessé, au plus fort de sa fièvre, de savoir que la servante pour laquelle il avait vainement sollicité l'amour était à ses côtés. .

Il m'était donc interdit de voir Ann dans la chambre de mon frère ; néanmoins j'avais beaucoup de choses sur le cœur et je devinais qu'elle aussi avait hâte de me parler ; mais quand enfin je fus seul avec elle dans notre chambre, elle eut des sujets de parole auxquels je n'avais pas songé. Quand je lui ai demandé quel message elle désirerait que je transmette d'elle à Herdegen , elle m'a prié, comme je l'aimais, de ne pas la nommer du tout en sa présence. Cela, en effet, ne m'a pas peu étonné, dans la mesure où je ne pensais pas qu'elle savait tout le chagrin que j'avais souffert hier. Mais ce n'était pas le cas; J'appris maintenant qu'elle avait tout noté et qu'elle avait entendu les hommes parler avec légèreté du fringant jeune que la coquine aux yeux noirs avait été si prompt à choisir parmi eux tous. J'ai bien essayé d'en tirer le meilleur parti, mais elle m'a fait comprendre que, si son amant ne s'était pas fait de mal, elle avait eu l'intention de l'interroger le jour même pour savoir s'il était sérieux avec elle. ses promesses d'amour, ou préférerait qu'elle lui rende sa bague et sa parole. Tout cela, elle le disait sans une larme ni un soupir, avec une détermination inébranlable ; et déjà je commençais, pour ma part, à douter de la vérité de son amour ; et je le lui ai dit clairement. Là-dessus, elle me serra contre elle, et tandis que les larmes s'accumulaient et brillaient dans ses grands yeux, elle m'expliqua toute l'affaire ; et en vérité, c'était tout ce que j'aurais dû dire à sa place. Elle, de simple naissance, entrerait par tolérance dans le cercle de ses supérieurs, et ses nouveaux amis ne lui feraient certainement pas plus d'honneur que son propre mari. De sa manière de la traiter dépendrait donc le degré de respect qu'elle pourrait rechercher en tant qu'épouse. Et tant que leur promesse de mariage resterait secrète, elle lui demanderait de montrer, soit à elle seule, soit devant tout le monde, qu'il considérait son consentement comme n'ayant pas moins de valeur que celui de l'héritière la plus riche et la plus née.

Tout cela, elle parlait en toute hâte tandis que ses joues brillaient de rouge. J'ai vu les veines bleues se gonfler sur son front pur, et je ne pourrai jamais oublier l'image d'elle alors qu'elle levait ses yeux pleins de larmes vers le ciel et pressait ses mains sur sa poitrine haletante et criait : « Sortir avec lui dans le besoin ou la mort n'est rien. ! Mais jamais je ne serai amené à la honte, pas même par lui."

Lorsque je la quittai, après lui avoir dit bien des paroles d'amour et l'avoir tenue longtemps dans mes bras, elle était prête à lui pardonner ; mais elle s'en tenait à ceci : « Pas un mot, pas un regard, pas un baiser, jusqu'à ce que Herdegen ait juré que l'offense d'hier serait la première et la dernière qu'elle souffrirait jamais.

Comme elle avait clairement compris la chose !

Même si elle ne savait pas à quel point son bien-aimé avait péché contre la vérité qu'il lui devait. On dit que l'Amour est aveugle, et il se peut qu'il le soit au début. Mais dès que sa confiance est ébranlée, le bandage tombe et le garçon aveugle se transforme en un Argus aux yeux multiples et à la vue perçante.

CHAPITRE IX.

Tout le monde était prêt à allaiter la petite bonne qui se faisait appeler « petite Katie ». Mais quant à Herdegen , j'ai été obligé pour le moment de ne rien lui dire de ce qu'Ann exigeait de lui, car il était malade de fièvre. Il était fidèlement soigné par Eppelein , le fils d'un bon serviteur de notre père qui avait perdu la vie en servant son maître frappé par la peste. Eppelein avait en effet grandi dans notre maison, parmi les chevaux ; même enfant, il avait tour à tour aidé Herdegen dans ses jeux, lui avait rendu de bons services et lui avait toujours montré un amour plus chaleureux que celui d'un mercenaire.

Il arriva un jour que le meilleur cheval de mon frère fut blessé par la faute de ce jeune homme, et comme Herdegen , pendant plusieurs jours, ne voulut rien lui dire, le garçon le prit si amèrement à cœur qu'il s'enfuit de la maison, et considérant que personne ne pouvait le retrouver, nous avons longtemps craint qu'il ne se soit fait du mal. Il était néanmoins vivant et de bon cœur. Il avait passé les mois dans une vie variée ; d'abord comme crieur auprès d'un charlatan errant, et ensuite, dans la mesure où il était un garçon agile et probable, il avait servi les invités dans l'une des auberges les plus fréquentées de Würzberg . Il arriva alors que Son Éminence le Cardinal Branda, Nonce de Sa Sainteté le Pape, y prit ses quartiers, et il emmena le garçon avec lui comme son serviteur en Italie, et le traita bien jusqu'à ce que le fantôme agité tombe soudainement. il tomba dans une langueur de mal du pays, et s'enfuit de ce bon maître, comme autrefois il s'était enfui de notre maison. Peut-être qu'une histoire d'amour l'a poussé à fuir. Ce qui est certain, c'est qu'au cours de ses errances parmi les étrangers, il était devenu un homme très habile et éveillé, avec beaucoup de bon en lui, dans la mesure où, avec toute sa subtilité, il avait gardé son véritable cœur de Nuremberger .

Alors qu'il était rentré sain et sauf chez lui, il s'est un jour introduit sans identification dans notre cour, où sa vieille mère vivait dans une dépendance grâce à la charité des Schoppers ; il s'approcha d'elle et se plaça devant elle, bien qu'elle ne le connaisse pas, et déposa devant elle les pièces d'or qu'il avait économisées une à une sur la table de travail. La petite vieille femme savait à peine où elle se trouvait, par pure surprise, et ne savait pas non plus qui il était jusqu'à ce qu'il éclate de son vieux rire bruyant à la vue de son désarroi. En vérité, comme elle le dit plus tard, ce rire lui apportait plus de joie au cœur et lui avait sonné plus doucement que les pièces d'or.

Puis Susan nous avait appelés dans la cour, et lorsqu'un jeune adolescent élégant est venu à notre rencontre, vêtu à moitié d'un costume italien et à moitié allemand, personne ne savait qui il pouvait être jusqu'à ce qu'il regarde Herdegen droit en face, et mon frère a pleuré. "C'est notre Eppelein !" Alors les larmes coulèrent rapidement sur ses joues, mais Herdegen le serra contre lui et l'embrassa chaleureusement sur les deux joues.

Tout cela m'est revenu à l'esprit en voyant cela, dit Eppelein , posant soigneusement et tristement un tissu mouillé, à la demande de ma tante, sur la tête de son maître où elle était si douloureusement coupée ; et je pensais combien cela aurait été bien si Herdegen était encore aussi disposé à suivre les inspirations de son cœur.

Comprenant tout de suite que je n'étais pas nécessaire à ce lit, où Eppelein surveillait et gardait fidèlement, et que la chambre de Sir Franz m'était fermée, je redescendis les escaliers, car j'avais entendu une rumeur selon laquelle le garçon basané, qui avait joué hier sur la pipe, devait être soumis à la torture. J'aurais volontiers empêché cela, alors que, à bien des égards, j'étais certain que ledit beau jeune homme ne faisait pas partie de l'équipage vagabond, mais, comme la petite Katie, il pourrait bien être un enfant kidnappé par une fourberie dans une maison noble. Tandis que j'arrivais dans la salle, Balzer, le gardien, s'apprêtait à faire entrer le garçon. Au dehors, il faisait effectivement sombre et humide, mais à l'intérieur, ce n'était pas moins confortable, car un grand feu flambait dans la large cheminée. Ma tante la réchauffait là-bas, et Ann également était de la compagnie, avec oncle Conrad, Jost Tetzel, mon parrain Christian Pfinzing et plusieurs invités.

Je me joignis à eux et leur dis à voix basse ce que j'avais noté, disant que, plus par marque, les jeunes devaient avoir bonne conscience ; car, s'il n'avait pas été jeté dans la cellule mais enfermé dans une étable pour s'occuper des chameaux et du singe, il n'avait néanmoins pas tenté de s'échapper, même si cela eût été facile.

Certains penchaient pour cette opinion ; et voyant que le garçon ne parlait que quelques mots d'allemand, mais connaissait davantage d'italien, je lui ai parlé dans cette langue ; et puis il est apparu qu'il était en vérité et effectivement un enfant volé. Les vagabonds l'avaient troqué en Italie, donnant en échange une belle fille qu'ils avaient avec eux ; Il disait également qu'il était de naissance princière, mais qu'il était tombé en esclavage il y a environ deux ans, lorsqu'une belle galère gouvernée par son père, émir ou prince d'Égypte, avait combattu avec une autre venant de Gênes en Italie.

Alors que j'avais interprété ces paroles aux autres, Jost Tetzel, le père d'Ursula, les déclara comme de purs mensonges et de pure fourberie ; même l'oncle Conrad les considérait comme de peu de valeur ; et pour cette raison : que si le garçon avait effectivement été le fils d'un grand émir d'Egypte, le chef des ours aurait certainement profité de lui en exigeant sa rançon.

Mais quand j'en ai parlé au garçon, il a fixé sur moi très modestement ses grands yeux, et en vérité, il n'y avait pas peu de dignité dans son expression et dans sa voix lorsqu'il m'a demandé :

" Pourrais-je alors faire tomber dans la pauvreté mes parents, qui ont toujours été bons pour moi, pour accorder la richesse à cette méchante engeance ? Jamais ces fripons n'auraient dû apprendre de moi ce que je vous ai volontiers révélé, à vous qui êtes pleins de bonté et de beauté ! "

Ce discours m'a touché le cœur ; et si ce n'était pas la vérité, alors n'y aurait-il pas de vérité au monde ! Mais lorsque j'eus de nouveau interprété ses paroles, et que Tetzel se contentait de hausser les épaules, cela me contraria tellement que c'était tout ce que je pouvais faire pour me retenir et me taire.

J'avais vu dès le début, aux yeux de l'oncle Christian, qu'il était du même avis que moi ; pourtant, je ne pouvais pas deviner quel but il avait dans sa tête, même si, à en juger par son visage, c'était quelque chose de passablement étrange, lorsqu'il murmurait un ordre à Ann avec sa pauvre langue enchaînée. Puis, lorsqu'elle me dit ce que mon parrain exigeait de moi, je ne me pressai pas d'obéir, car en effet la pudeur et la pitié virginales m'en empêchèrent. Pourtant, tandis que le brave vieillard hochait la tête pour m'encourager, avec sa tête lourde, encore recouverte d'un linge froid et humide, j'appelais toute mon audace, et avant que le garçon s'en aperçoive, je lui donnai une gifle sur la joue.

Ce n'était pas un coup dur, mais le garçon parut aussi étonné que si la terre s'était ouverte à ses pieds. Son visage sombre est devenu gris cendré et ses grands yeux m'ont regardé en larmes, mais avec une telle tristesse que j'ai déjà regretté mon acte inconvenant.

Mais bientôt j'eus de quoi me réjouir ; l'attitude du jeune a gagné sa cause. L'oncle Christian avait seulement voulu le lui prouver. Il connaissait bien les hommes, et il savait que les jeunes de diverses origines reçoivent un coup au visage de diverses manières ; or, le fils de l'émir l'avait rabaissé comme un de ses rangs , et avait résisté à l'épreuve ! C'est ce que lui dit ma tante Jacoba , car elle avait tout de suite compris le dessein de l'oncle Christian, et bientôt Jost Tetzel lui-même, bien que mécontent et maussade, avoua son erreur. Puis, après avoir promis au jeune homme qu'il serait épargné de tout autre mauvais traitement, il ouvrit la doublure de son vêtement et nous montra une pierre précieuse que sa mère avait secrètement accrochée à son cou, et qui était un morceau ou une tablette de pierre précieuse. une pierre de turkis bleu ciel , aussi grosse qu'une grosse prune, sur laquelle était inscrit un charme inscrit en signes étranges et bizarres que le rabbin juif Hillel, lorsqu'il la vit, déclara être des lettres arabes.

Le chef des ours avait appelé le garçon Beppo ; mais son vrai nom était long et difficile à prononcer, d'où mon oncle de la forêt a choisi deux syllabes pour un nom qu'il pouvait prononcer avec aisance, l'appelant Akusch .

Avec l'assentiment de la cousine Maud, le jeune noir était attaché à mon service comme écuyer, dans la mesure où c'était moi qui l'avais d'abord « surnommé chevalier » ; et quand je lui ai fait comprendre cela, il n'a pas pu se contenir de joie, et à partir de cette heure, il s'est toujours montré mon serviteur le plus prêt, toujours alerte et reconnaissant ; et le peu de bienveillance qu'il était en mon pouvoir de montrer à ce pauvre garçon porta du fruit plus de mille fois plus tard, pour moi et pour les miens.

Ce même jour, après midi, Ann m'a avoué qu'elle avait en tête de quitter la loge le soir même et de rentrer chez elle avec maître Ulsenius ; et lorsqu'elle résista à toutes mes instances , elle dit également à la cousine Maud qu'elle avait en effet déjà trop longtemps laissé les siens sans son secours.

Tante Jacoba était au coin de sa cheminée, et on peut imaginer comment elle a pris cette résolution soudaine de la part d'Ann.

La journée était si sombre qu'il n'y avait presque aucun changement lorsque le crépuscule tombait. Des couronnes de nuages gris pendaient au-dessus de la cime des arbres, et une pluie fine coulait avec un crépitement doux et régulier, comme si elle ne cesserait jamais ; il n'y eut pas non plus d'autre son, puisque ni le cor, ni le cri du guetteur, ni la cloche ne purent rompre le silence, pour le bien des blessés ; bien plus, même les chiens, me semblait-il , comprenaient que le cours quotidien de la vie était déréglé.

Ann était allée faire ses petits bagages avec l'aide de Susan, mais elle m'avait demandé de rester avec l'enfant. Cela se passait bien ; il jouait avec la poupée que ma tante lui avait donnée comme passe-temps heureux, et maintenant j'exécutais les ordres du petit et j'étais très heureux d'être son compagnon de jeu pendant un moment. Le temps passait pendant que j'étais assis là à m'amuser avec la petite Katie, à enfiler et remettre les culottes en cuir du chariot, à souffler sur la petite épaule de l'enfant quand elle lui faisait mal ou à lui donner une friandise pour la réconforter, et Ann ne venait toujours pas, même si elle avait promis de me rejoindre dès que ses bagages seraient prêts.

Là-dessus, une peur soudaine me saisit, et dès que la gouvernante arriva, j'allai chercher Ann dans notre chambre. Là se trouvaient tous ses biens, aussi soignés qu'elle seule pouvait les faire ; et j'ai appris de Susan qu'Ann était descendue depuis quelque temps dans la chambre de tante Jacoba .

J'avais l'intention de l'y chercher, et je passai par l'antichambre où se trouvaient le bureau et les livres de la malade, et qui conduisait au salon. Je marchais légèrement, car la chambre du chevalier était en dessous ; ainsi personne ne m'a entendu ; mais je pouvais voir au-delà de l'antichambre sombre, dans l'autre, où des bougies de cire brûlaient dans un double chandelier, et voilà ! Ann était à genoux près du lit de la malade, comme le tilleul que la tempête avait renversé la veille ; et elle cacha son visage sur les genoux de ma tante et sanglota si violemment que son corps mince tremblait comme sous l'effet de la fièvre. Et tante Jacoba avait posé ses deux mains sur la tête d'Ann, comme en signe de bénédiction. Et j'ai vu d'abord une grosse larme, puis bien d'autres, couler sur le visage de cette même femme qui avait chassé son propre fils. Souvent j'avais marqué à son petit doigt une certaine bague dans laquelle était sertie une petite chose blanche ; pourtant ce n'était pas un éclat d'os d'un saint, mais la première dent que son fils banni avait perdue. Et quand elle estimait que personne ne la voyait, elle portait la main à ses lèvres et embrassait la petite dent avec un amour fervent. Et maintenant, alors que l'amour s'était réveillé dans son cœur, ce fils y avait sa part et sa part ; car même si personne n'osait faire mention de lui en sa présence, elle l'aimait toujours comme la prunelle de ses yeux.

Je n'étais pas à l'écoute, mais je ne pouvais pas me boucher les oreilles ; J'ai entendu comment la frêle vieille dame exhortait la jeune fille malade d'amour et lui faisait confiance en Dieu et en la fidélité d'Herdegen . Je l'entendis aussi parler en bien de l'esprit et de la volonté de mon frère, comme étant nobles et droits ; et elle a promis à Ann de la soutenir au mieux de ses forces.

Elle fit ses adieux à son favori avec un tendre baiser et de nombreuses paroles réconfortantes ; et ce faisant, je me suis souvenu d'une jeune fille merveilleusement belle, la fille de Pernhart , le chaudronnier, connue des jeunes et des vieux de la ville sous le nom de la belle Gertrude, qui, chaque fois que je l'avais vue ces derniers temps, me semblait être devenue encore plus triste et plus pâle, et que je savais maintenant que je ne reverrais plus jamais, dans la mesure où hier encore, oncle Christian nous avait dit, les larmes aux yeux, que cette douce jeune fille était morte de désir et n'avait été enterrée qu'un jour ou deux depuis avec beaucoup de faste. Maintenant, ma tante avait entendu cette nouvelle, et elle secouait la tête en silence et joignait les mains, comme en prière, fixant les yeux vers le sol.

Cousin Gotz et Herdegen , belle Gertrude et mon Ann ; Qu'est-ce qui les rendait si différents pour que ma tante se résigne à mesurer leurs liens d'amour avec des mesures si diverses ?

J'ai quitté la pièce quand Ann est sortie, et devant la porte, je l'ai serrée dans mes bras ; et au cours de la dernière heure que nous avons passée ensemble à la cabane forestière, elle m'a invité à saluer de sa part le bien-aimé de son cœur et m'a donné pour lui le dernier bouton de rose d'octobre, que mon oncle lui avait cueilli au moment de se séparer. Pourtant, elle s'en est tenue à ses exigences.

Elle nous quitta après le dîner, escortée par Maître Ulsemus . Elle était venue ici un matin ensoleillé avec le chant des alouettes, et maintenant elle repartit dans l'obscurité et l'obscurité.

CHAPITRE X.

" Par saint Bacchus ! s'il y a un tel saint dans le calendrier, il y a des trucs chez le garçon, mon garçon ! " s'écria le costaud oncle Christian Pfinzing , et il frappa la table avec ses poings si bien que tous les récipients sonnèrent. Sa langue était encore un peu lourde, mais il s'était beaucoup rétabli au cours des trois semaines écoulées depuis le départ d'Ann, et il était déjà assez difficile de l'éloigner de la cruche de vin.

C'est au réfectoire de la cabane forestière qu'il s'était ainsi livré à mon oncle Conrad et à Jost Tetzel, le père d'Ursula ; et c'est de mon frère Herdegen qu'il parlait.

Herdegen était guéri de ses contusions et ses membres légers n'avaient jamais été aussi agiles qu'aujourd'hui ; il portait néanmoins son bras gauche en écharpe, car c'était là, dit-il, que le sabot du cheval l'avait heurté. Personne n'avait jamais entendu dire où le cheval s'était enfui ; et personne ne s'enquit, car ce n'était que le bourrin d'Eppelein , et mon grand-oncle lui en avait donné un meilleur.

Mon esprit idiot, dès le début, avait été intrigué de savoir pourquoi mon frère aurait dû emmener ce canasson pour voir son tuteur, qui pensait plus que les autres hommes à un bon cheval. Et en vérité, je n'étais pas loin de bien deviner, aussi vais-je tout de suite indiquer où en effet le cheval de mon cher frère avait disparu, et par quel hasard et par quel hasard il était tombé dans une si mauvaise situation.

Il avait déjà rencontré la jeune fille alors qu'il se rendait de Padoue à Nuremberg, non loin de Dachau, et il avait alors commencé ses tours avec elle, lui laissant entendre qu'elle pourrait le retrouver à la cabane forestière du mur de Lorenzer . Maintenant que les choses ont pris une si mauvaise tournure, il s'est engagé à la mettre en sécurité loin de la cellule du donjon. À cette fin, il feignit de se rendre en ville à cheval, après s'être emparé de la clé du trou noir et après avoir rangé un costume d'homme et une miche de pain dans son sac de selle. Puis il erra quelque temps dans le bois, et dès que la nuit tomba , il retourna à pied à la maison. Il avait élaboré un plan audacieux et bien conçu, et pourtant il aurait pu connaître une fin désastreuse ; car, bien que les chiens, qui le connaissaient bien, l'aient laissé passer dans la cellule, à l'intérieur il était si férocement attaqué qu'il lui fallait toute sa force et sa rapidité pour y résister. Les misérables avaient comploté pour se jeter sur lui et s'échapper avec la jeune fille de leur prison, même si c'était à cause de son cadavre.

L'un des chefs d'ours s'était efforcé de lui arracher les cordes des mains, et lorsque mon frère entra dans l'endroit sombre où gisaient les prisonniers, ils se précipitèrent sur lui pour le faire tomber . Mais même sur le seuil, Herdegen comprit leur intention et, à peine eut-il fermé la porte, qu'il sortit son couteau de chasse. Alors la vieille dame le saisit à la gorge et le griffa bec et ongles ; l'un des bandits le frappa avec un bâton arraché du lit jusqu'à ce qu'il se sente cassé ou meurtri tous les membres, tandis que l'autre, dont les mains étaient encore liées, se pressait entre lui et la porte. En vérité, il aurait connu une mauvaise fin si la jeune femme ne l'avait pas sauvé au péril de sa propre vie. L'homme qui s'était débarrassé de ses liens avait soulevé la lourde cruche de terre pour briser la tête d'Herdegen , lorsque la brave fille saisit le misérable par le bras et s'accrocha à lui jusqu'à ce qu'Herdegen le pique avec son couteau. Ainsi le meneur tomba, et mon frère arrêta sa libératrice et la traîna jusqu'à la porte. Alors qu'il l'ouvrait, la vieille femme et l'autre prisonnier déployèrent leurs dernières forces pour sortir de force, mais de son bras puissant, il les repoussa et verrouilla la porte sur eux.

ainsi vers la liberté la jeune femme, qui s'était mieux tirée d'affaire qu'il ne l'avait craint, pour qu'elle tienne parole.

Dans la forêt, malgré le tonnerre et les éclairs, il lui fit mettre l'herbe d'Eppelein et monter le canasson. Ensuite, il conduisit son cheval jusqu'au ruisseau qui coule à travers les bois jusqu'aux prairies, et lui ordonna de marcher dans l'eau aussi loin qu'elle le pouvait, pour dérouter les chiens. Le pain dans la sacoche la nourrirait pendant quelques jours, et maintenant il lui appartenait d'échapper aux poursuites. Et cette bonne action de mon frère avait frappé au cœur la créature perdue ; alors qu'il était sur le point de l'aider à monter , il tomba sur le sol mouillé à cause de la perte de sang, mais alors qu'il rouvrit les yeux, voici, sa tête reposait sur ses genoux et elle lui baisa le front. Malgré ses propres périls, elle ne l'avait pas laissé dans une situation aussi désastreuse, mais avait fait tout ce qu'elle pouvait pour le ramener à la raison ; bien plus, elle avait ramassé des feuilles à la lueur de la foudre pour étancher le sang qui coulait librement de la pire de ses blessures. Elle ne devait pas non plus continuer son chemin jusqu'à ce qu'il lui montre qu'en vérité il pouvait marcher.

C'est ainsi que j'ai pensé longtemps après à elle avec bonté ; et en effet, elle n'était pas entièrement vile ; et chaque âme humaine a en elle quelque chose de bon qui pousse à l'amour, dans la mesure où c'est l'amour qui peut éclairer tout, et cela avec un éclat éclatant ; et ce qui est brillant est bon ; et cette lumière ne s'éteint que lorsque la dernière étincelle est morte.

Quant à Herdegen , en vérité, je n'ai jamais compris comment il pouvait avoir à cœur de risquer sa vie pour tenir parole envers une coquine vagabonde, alors qu'en même temps il rompait serment avec la plus belle et la plus douce des filles du monde. Terre. Pourtant, je lui considère surtout comme une bonne chose qu'il ait pu risquer sa vie et son honneur pour empêcher ceux qui lui sont tombés si ignoblement sur lui d'échapper au bras de la justice ; et c'est ce respect de la loi qui fait vraiment plus pour élever les hommes au-dessus de nous, les femmes, que toute autre chose.

Eh bien, le soir où l'oncle Christian a ainsi promis mon frère, Herdegen était redevenu lui-même, physiquement et mentalement. Au début, il avait semblé qu'un mur s'était élevé entre nous ; mais après cela je lui avais dit que j'avais caché à Ann tout ce que j'avais vu par malheur à la cabane de mousse, il était aussi bon et aussi confiant qu'autrefois, et il se montra plus disposé à donner à Ann l'engagement qu'elle avait. plus nécessaire que je n'avais cherché à le trouver, le cou raide comme il l'a toujours été. Et il a écouté, impassible, lorsque je lui ai raconté ce qu'Ann avait dit : « Qu'elle était prête à le suivre jusqu'à la mort, mais pas à avoir honte.

"Cela", dit- il, "elle n'a jamais à craindre aucun homme véritable, et malgré toute sa sauvagerie, il pourrait encore s'appeler ainsi." Alors il s'étendit de tout son long sur sa chaise, leva les bras en l'air et s'écria :

"Oh, Margery. Si seulement tu pouvais te glisser pendant une demi-heure dans la peau de ton frère fou. Dans la tienne, qui est si purement blanche, tu ne pourras jamais, jusqu'au jour du malheur, comprendre ce que je suis. Si jamais j'ai J'avais l'air fatigué, ce n'est que pour conserver une apparence polie ; en vérité, je pourrais sortir dix fois par jour et tirer vers le ciel comme une fusée pour la pure joie de vivre. Quand cette humeur m'envahit, il n'y a plus aucun moyen de me retenir, et j'oserais jurer que toute la belle terre a été faite et créée pour mon seul et libre usage, avec tout ce qu'elle contient - et par-dessus toutes les autres créatures, les chères et douces filles d' Eve ! - et je peux te dire, Margery, les femmes sont d'accord avec moi. ... Je n'ai qu'à ouvrir mes bras et ils s'agitent dedans, et non à les fermer hermétiquement - c'est trop, Margery, de chercher ; pourtant n'y a-t-il qu'un seul vrai bonheur, et qu'une seule Ann, et le meilleur de tous. Mes joies, c'est de la serrer contre mon cœur et de baiser ses lèvres. Je lui garderai foi, je n'aurai rien à dire aux autres. Mais comment les éloigner de moi ? Puis-je souhaiter que ces coquins m'aient arraché les yeux, m'aient paralysé les membres, m'aient battu comme un épouvantail, au point que les servantes me tournent le dos ? Bien plus, et même aucun torrent de pluie ne pourrait refroidir le sang brûlant des Schoppers ; aucun bâton de chêne ni pichet de pierre ne pouvait tuer les envies sauvages qui l'habitaient. Il n'y a qu'à jeter mon corps parmi les épines comme saint François. Mais à quoi cela me servirait-il ? Vous voyez vous-même à quel point cette peau guérit bien des pires blessures !"

Sur ce, je l'ai sérieusement averti de son devoir envers cette dame qui était si véritablement sienne et avec qui il avait échangé des bagues. Mais il s'écria : « Croyez-vous que je ne me sois pas dit, à chaque heure du jour, qu'elle valait mille fois plus que toutes les autres réunies ? Jamais je n'ai pu trouver une servante aussi douce qu'elle l'a jamais été. depuis que nous sommes enfants ensemble ; bien plus, et si je la perdais , je périrais complètement, car c'est d'elle que moi, misérable à moitié ruiné, je reçois tout ce qu'il y a encore de meilleur en moi !

Et maintes fois je l'ai entendu prononcer des paroles pareilles ; et quand je vis ses grands yeux bleus briller pendant qu'il parlait, tandis qu'il repoussait les boucles dorées de son front, en vérité il était si beau à regarder qu'il était facile de voir que les filles d'Ève pourraient être prêtes à jeter eux-mêmes dans ses bras.

Ce soir-là, à la tombée de la nuit, tante Jacoba n'était pas avec ses invités, mais à contrecœur, car nous devions repartir chez nous le lendemain matin, et les messieurs se sont assis tard autour de leurs tasses d'adieu. C'était devenu le soin de la cousine Maud d'empêcher l'oncle Christian de boire plus librement qu'il ne le devrait ; mais ce soir, il s'était rendu la tâche difficile ; bien plus, quand elle lui interdisait fermement une troisième coupe , il l'obtenait par ruse et malgré elle, et elle ne pouvait pas non plus le persuader de renoncer à cette joie dangereuse. Lorsqu'il avait crié, comme on l'a dit, qu'« il y avait du truc » chez mon frère, c'était parce qu'il s'était aperçu que Herdegen avait déjà rempli sa coupe pour la quatorzième fois, et que lorsque le jeune homme l'avait bu à même le vieux l'homme a chanté avec joie :

"L' Eppela Gaila von Dramaus
Reit'allezeit zu vierzeht aus !"

[Une vieille comptine populaire à Nuremberg. " Eppela (Apollonius) Gaila de
Dramaus - ou Drameysr - pouvait toujours aller jusqu'à quatorze tasses. " Apollonius von Gailingen était un chef de brigands qui apporta beaucoup de dégâts
et de vexations à la ville. Drameysel , sous sa forme populaire Dramaus , était son fief près de Muggendorf en Suisse-Franconie.]

"Maintenant, si le garçon peut boire trois fois le sept mystique, il fera ce que je pourrais faire à son âge."

Et bientôt Herdegen but effectivement ses vingt et une tasses, et quand enfin il parcourut toute la longueur de la grande salle à manger sur une couture du parquet, le vieil homme fut très content et le récompensa avec le cadeau d'une noble chope qui lui-même avait gagné autrefois dans une beuverie. Tout cela nous faisait du bien, à l'exception seulement de Jost Tetzel, qui était lui-même un homme très modéré ; en effet, plus tard, lorsque j'ai vu à Venise comment ces messieurs riches et nobles buvaient avec parcimonie le jus du raisin, je me suis étonné de savoir pourquoi nous, Allemands, sommes toujours fiers d'un homme capable de boire profondément et porté à regarder de travers.

comme la peur de voir le fond de la tasse. Et si j'avais une réponse toute prête, je la devais aussi à mon oncle Christian ; dans la mesure où la veille même, alors que j'aurais voulu mettre en garde Herdegen contre la bonne liqueur, mon oncle a pris sa parole et a déclaré que c'était le devoir de chacun de suivre les voies de saint Georges, le tueur de dragons, et de réprimer et de tuer tout le monde. démon; quoi qu'il arrive. « Or, dans la coupe de vin, dit-il, se cache un dragon nommé ivresse, et il convient à la valeur et à la force allemandes non seulement de le vaincre, mais même de lui faire rendre de bons services : le démon du raisin, comme le serpent tué par le saint a deux larges pignons, et le vrai buveur allemand doit s'en servir pour s'élever jusqu'au septième ciel.

Et quant à mon Herdegen , je dois avouer que lorsqu'il avait bien bu, son moral était plus élevé, son esprit plus clair et son chant plus joyeux ; et il n'en est pas ainsi, sauf chez ces tueurs de dragons qui ont été dotés d'un bon caractère et d'un cerveau fort hérité de leurs parents.

Chaque soir, il y avait eu des réjouissances semblables autour de leur vin ; mais Sir Franz avait toujours été absent. Il était même désormais contraint de rester dans sa chambre, bien que Maître Ulsenius ait déclaré que sa vie était hors de danger. Il devra certainement transporter les dommages causés à ses poumons jusqu'à sa tombe, et il ne pourra pas non plus nous suivre pendant quelques semaines. Il ne devait pas songer à faire le voyage vers sa propre maison en Bohême pendant cet hiver, et lors de cette beuverie d'adieu, nous avons tenu conseil pour savoir sous quel toit il pourrait trouver un logement. Lui, de son côté, aurait plutôt trouvé refuge chez nous ; mais la cousine Maud s'y refusa, et avec raison, puisque je lui avais dit librement que jamais au monde je n'écouterais sa demande.

Finalement, il parut évident que c'était le rôle de Jost Tetzel de lui offrir un logement dans sa grande maison ; Il ne refusa pas non plus, au motif que Sir Franz von Welemisl était un homme de naissance et riche, et que ses parents bohémiens et hongrois occupaient une place importante à la cour impériale.

Le lendemain matin, tandis que nous buvions l'étrier, mes yeux se remplirent de larmes, et ce fut avec un cœur triste que je fis mes adieux aux bois, à mon oncle et à ma tante Jacoba , que j'avais appris pendant mon séjour à aimer comme était-elle due. Comme Ann, je suis rentré chez moi d'humeur plus sobre qu'à mon arrivée ; car je n'étais plus un enfant et la joie sauvage doit toujours prendre fin.

Mon nouvel écuyer Akusch me suivait, et ainsi, par une belle journée de novembre, nous retournâmes à Nuremberg, en bonne santé et de bonne humeur. Les chameaux, les ours et les singes, qui avaient été enlevés aux vagabonds, étaient soignés en toute sécurité dans le Hallergarden , et les coquins eux-mêmes avaient été pendus. Que Dieu ait pitié de leurs âmes !

Ann avait eu la nouvelle de notre retour à la maison, mais je ne la trouvai pas chez nous, et après l'avoir attendue jusqu'au soir, et en vain, je la cherchai dans sa propre demeure. Mais à peine avais-je franchi le seuil de la maison de Venise que je compris que tout n'allait pas bien ; dans la mesure où ici, où il y avait toujours une demi-douzaine de paires de petits pieds qui sautaient de haut en bas, et où il y avait de la musique et des chants sans fin du matin au soir, tout était étrangement silencieux. Je me levai pour écouter, et je m'aperçus alors que la plaque de métal sur laquelle tombait le heurtoir était enveloppée de feutre.

Cela présageait du mal, et une vision se présenta devant moi : deux bières ; sur l'une gisaient Ann, pâle et muette, et sur l'autre la chérie de mon cousin Gotz , la belle Gertrude, la fille du chaudronnier. Puis j'ai entendu des pas dans l'escalier et la vision s'est estompée ; et j'ai respiré une fois de plus, car le grand-père d'Ann, le vieux joueur de luth Gottlieb Spiesz , s'est approché de moi, avec de profondes rides de tristesse sur son visage aimable et un doigt sur ses lèvres ; et il me dit que son fils souffrait d'une violente fièvre cérébrale, et que maître Ulsenius craignait le pire depuis hier.

Sa voix se brisa de chagrin ; néanmoins son garçon de service portait son luth après lui, et tandis qu'il me tendait la main pour me dire bonjour, il me dit qu'Ann ne s'occupait pas de son père. "Et moi," dit- il d'une voix lasse mais pas amère, "je dois aller travailler - il y a tellement de besoins ici, et la nourriture ne tombe dans les genoux de personne ! D'abord aux Tetzel pour enseigner aux jeunes un madrigal. chanter pour le cinquantième anniversaire de Maître Jost . Et ils comptent sur votre aide et sur celle de votre frère, douce Maîtresse. — Eh bien, les enfants, soyez heureux pendant qu'il est encore temps !

Il passa sa main sur ses yeux et leva les yeux vers la pièce du haut où son fils gisait avec des maux de tête, et partit ainsi apprendre à de jeunes créatures au cœur léger à chanter des rondes et des catches de fête.

En une minute, j'avais Ann dans mes bras ; oui, et elle était toujours aussi douce et brillante. Le dur devoir qu'elle avait dû accomplir avait été salutaire, même si elle avait de bonnes raisons de craindre pour l'avenir ; car, avec son père, la maison perdrait le soutien de famille.

Ce fut pour moi une joie indicible de pouvoir l'assurer de l'amour fidèle d'Herdegen et de lui répéter les nombreuses paroles aimables qu'il avait prononcées à son égard. Et elle était vraiment heureuse de les entendre ; et tandis que le véritable amour est une fleur qui, lorsqu'elle tombe, n'a besoin que d'une petite goutte de rosée pour se relever, le sien avait déjà un peu relevé la tête après ma dernière lettre.

Et en ce moment, au moment de la plus grande douleur qu'elle ait connue, un autre grand réconfort lui avait été accordé : maître Ulsenius et sa bonne épouse, l'ayant fait loger chez eux la nuit de son retour de la forêt, avaient pris beaucoup d'affection. à elle, et la sangsue au bon cœur, un homme de grand savoir, avait tenu à l'admettre à l'usage de sa belle bibliothèque. Ainsi j'ai trouvé Ann de bonne humeur malgré son malheur ; et si des prières sincères pour un malade avaient pu lui être utiles, ce n'était pas un reproche à moi lorsque son père a connu une fin triste et douloureuse le cinquième jour après mon retour à la maison. Quand j'appris la nouvelle, il me sembla qu'une main froide avait été posée sur ma foi heureuse ; car il était en effet difficile pour une âme humaine pauvre et myope de voir dans quel but et dans quel but cet homme aurait dû être arraché dans la fleur de l'âge et de la force.

Pour entretenir sa nombreuse famille, libérer la petite maison des dettes et mettre de côté une petite somme, il avait entrepris, outre les devoirs de sa place, l'intendance de certaines propriétés privées ; ainsi, il avait maintes fois transformé la nuit en jour, et finalement, bien qu'il fût un homme vaillant, il était tombé malade de la fièvre cérébrale qui l'avait emporté. Il semblait donc qu'un travail honnête et une diligence courageuse n'avaient fait que mériter le salaire le plus lourd qui puisse arriver à un homme dans son état de vie ; à savoir : s'éloigner de ceux qu'il aimait ou jamais il pourrait subvenir à leurs besoins futurs.

Nous l'avons tous suivi jusqu'à la tombe, et c'est près du cercueil de son digne père qu'Ann a rencontré de nouveau mon frère pour la première fois. Il y avait une grande foule, et il ne pouvait rien faire de plus que de lui serrer la main avec une ardeur silencieuse ; et pourtant, en même temps, il croisait son regard avec un regard si véridique qu'il était comme une promesse, un gage solennel de fidélité.

Le prébendaire de saint Laurence, maître von Hellfeld , prononça le sermon funéraire, et cela d'une manière juste et édifiante ; et tandis qu'il profitait de l'occasion pour dire que Notre-Seigneur et Rédempteur demanderait à tous d'être ses invités et de se considérer comme leur débiteur qui devrait montrer un véritable amour chrétien envers ceux qui n'avaient désormais plus de père, Herdegen me serra en secret fermement la main.

Kunz était également présent et, debout près du corps de l'homme qui l'avait toujours aimé le plus de nous trois, il pleurait aussi fort que s'il avait perdu son propre père.

Les messieurs du conseil étaient tous réunis pour rendre les derniers honneurs à celui dont la charge les avait rapprochés, et j'ai remarqué que plus d'un poussa son voisin pour qu'il remarque la beauté plus que commune d'Ann, qui, dans son herbe noire, se tenait parmi ses jeunes. frères et sœurs comme un ange consolateur, qui pleure avec ceux qui pleurent et console ceux qui sont affligés. C'est ainsi que j'entendis bien des pères de filles blondes avouer que cette jeune fille n'avait pas son pareil en matière de beauté dans tout Nuremberg. Et cela parvint aux oreilles de Herdegen , et je pus voir que cela remontait son esprit et le confirmait dans ses bonnes intentions.

Il s'avéra bientôt qu'il pouvait montrer par des actes quel était son esprit. Maître Holzschuher , le notaire, proche parent et très bon ami de la cousine Maud, avait été nommé tuteur de ses enfants par le défunt maître Spiesz , et c'est lui qui, un jour, dans notre maison, dit que la veuve et les orphelins étaient mieux soignés qu'il ne l'avait espéré et pourraient garder leur petite maison au-dessus de leurs têtes si de riches voisins pouvaient être incités à ouvrir leur bourse et à payer une dette qui leur était due. Alors mon frère se leva et déclara que la famille d'un honnête et fidèle serviteur de l'État, et d'un ami des Schoppers , devait avoir des moyens de vivre meilleurs et plus honorables que les deniers des mendiants. Il n'était pas encore majeur, mais il avait l'intention d'exiger immédiatement de notre tuteur Im Hoff autant de choses qui lui appartiendraient qu'il serait nécessaire pour libérer la maison du fardeau des dettes ; et bien que maître Holzschuher secouait la tête à ce propos, et que ce n'était pas une chose légère que Herdegen avait entreprise, il partit aussitôt chercher son grand-oncle.

En effet, il reçut de lui un traitement plus dur qu'il ne l'avait espéré ; car le vieillard mettait un point d'honneur à gérer avec diligence ces deniers, afin que lorsqu'il en rendrait compte au conseil municipal, on puisse voir, par la grandeur de la somme, combien sage et bien a indiqué qu'il était en train d'obtenir une augmentation. Ce que mon frère appelait « deniers de mendiant », disait-il, était un guerdon bien mérité qui faisait honneur à la famille du défunt clerc et n'était pas une honte ; il était en effet disposé à payer le tiers de la somme totale à ses propres frais. Quant à l'argent que nos parents nous ont laissé à tous les trois, il ne s'en séparerait jamais d'un sou. De plus, le charme rare d'Ann avait touché même le cœur de mon grand-oncle, et il aurait dû être vraiment stupide s'il n'avait pas découvert les véritables raisons de Herdegen ; et c'était là, à ses yeux, le pire de l'affaire, dans la mesure où il était fermement résolu à réunir Ursula Tetzel et Herdegen dès que mon frère aurait obtenu son titre de médecin.

ainsi que, pour la première fois, notre grand-oncle se sépara avec colère de son neveu préféré, et quand Herdegen revint à la maison les joues cramoisies et presque hors de lui, il m'avoua que pour le moment il n'était pas encore venu. il avait l'audace de dire au vieil homme à quel point il était attaché à Ann, mais pour le reste, il lui avait dit la pure vérité.

Au souper, Herdegen mangeait à peine un morceau, car il ne pouvait se résoudre à supporter que sa fiancée tombe si bas qu'elle reçoive une aumône

. Il se leva de table maussade et affligé, et tandis que la cousine Maud ne supportait pas de voir son favori se reposer dans une telle détresse d'esprit, elle l'emmena à l'écart, et dans la mesure où elle avait déjà deviné où en étaient les choses entre lui et Ann, non sans aucune crainte, elle lui parla avec bonté et se déclara prête à libérer la maison Spiesz de ses dettes sans aucune aide étrangère. Pour le voir heureux, lui et sa chère Ann, elle ferait volontiers des sacrifices bien plus grands, car en effet elle ne savait pas toujours ce qu'elle pourrait faire de son propre argent.

Au plus tard le lendemain matin, l'affaire fut réglée en secret par notre notaire ; et bien que maître Holzschuher ait agi ainsi comme si le défunt avait laissé de l'argent pour payer la dette, Ann a vu clair, tandis que sa belle mère ne s'est réjouie que sans réfléchir d'une telle fortune.

Désormais, c'était la petite main d'Ann qui dirigeait la maison sans père avec une inébranlable économie, tandis que Maîtresse Giovanna, comme elle avait toujours eu l'habitude, ne vivait que pour prendre soin des vêtements des enfants, qu'ils soient nets et propres, des fleurs à la fenêtre. et les beaux travaux d'aiguille, et de caresser les petits, dès qu'elle avait accompli son léger labeur dans la cuisine.

Il fut accordé à elle et aux siens d'habiter désormais pour toujours dans la maison du Pegnitz , humblement certes, mais honorablement et sans l'aide d'étrangers. Certes, une aumône leur était accordée peu après le premier jour de chaque mois, et ce droit était en secret ; car à cette époque on trouva sans faute un petit paquet contenant deux ducats hongrois sur le seuil de la salle. Et qui a donné ce gentil gage serait resté secret jusqu'à la fin du monde si Susan, par hasard, et à son grand dépit, n'avait pas trahi mon frère Kunz. Mon grand-oncle lui accordait trois ducats par mois depuis qu'il avait quitté l'école, et sur ceux-ci, il en donnait toujours en secret deux pour aider la maison dirigée par Ann. C'était notre vieille Susan qui l'aidait dans cette affaire, alors, quand il était empêché par quelque moyen de déposer le petit paquet sur le seuil, elle devait trouver une excuse pour se rendre dans la petite maison au bord de la rivière.

Le conseil vénérable et de nombreux amis dont le scribe décédé avait gagné la bonne volonté, entrèrent les orphelins dans les meilleures écoles de la ville, et ce qu'Ann avait appris en tant que directrice de l'école du couvent des Chartreux, elle le transmettait maintenant à ses jeunes sœurs en un enseignement assidu; et, comme autrefois, elle prodiguait ses soins les plus affectueux à son petit frère sourd-muet.

SIGNETS DE L'ÉDITEUR ETEXT :

Soyez heureux pendant qu'il est encore temps
Les Allemands sont toujours fiers d'un homme qui est capable de boire à fond D'un nouvel amour alors qu'il avait laissé le troisième pont derrière lui Le fil pas trop fort de ma bonne patience Les coquins vagabonds avaient déjà été mis à la torture

9 789359 941783

Printed at Repro India Ltd.